"社科赋能山区（海岛）县高质量发展行动"研究成果
衢州学院美丽经济学院与湖镇镇校地合作项目研究成果

凤凰涅槃：
湖镇工业发展口述研究

苑立军　著

吉林大学出版社

·长春·

图书在版编目（CIP）数据

凤凰涅槃：湖镇工业发展口述研究 / 苑立军著．
长春：吉林大学出版社，2024.10. -- ISBN 978-7
-5768-3219-8

Ⅰ.F427.341

中国国家版本馆 CIP 数据核字 2024X4F899 号

书　　名	凤凰涅槃：湖镇工业发展口述研究
	FENGHUANG NIEPAN：HUZHEN GONGYE FAZHAN KOUSHU YANJIU
作　　者	苑立军
策划编辑	李承章
责任编辑	孙宇辛
责任校对	白　羽
装帧设计	贝壳学术
出版发行	吉林大学出版社
社　　址	长春市人民大街 4059 号
邮政编码	130021
发行电话	0431-89580036/58
网　　址	http：//www.jlup.com.cn
电子邮箱	jldxcbs@sina.com
印　　刷	凯德印刷（天津）有限公司
开　　本	787mm×1092mm　1/16
印　　张	13.5
字　　数	220 千字
版　　次	2024 年 10 月　第 1 版
印　　次	2024 年 10 月　第 1 次
书　　号	ISBN 978-7-5768-3219-8
定　　价	75.00 元

版权所有　翻印必究

前　言

湖镇工业的发展史是湖镇镇长时间以来探索与奋斗的历史。在这个过程中，湖镇从一个以手工业和私营工业为主的小镇逐渐转型为拥有强大工业实力的地区。这段发展史承载着湖镇人民的汗水和智慧，也是对坚持改革开放政策的有力诠释。本口述史旨在通过记录湖镇工业发展的历程，呈现出这个小镇在工业兴起过程中的艰辛拼搏和取得的伟大成就。

从1956年社会主义改造基本完成，湖镇手工业和工业开始崭露头角，到20世纪80年代的乡镇工业蓬勃发展，再到21世纪初创办经济开发试验区，湖镇工业一路走来，经历了怎样的变迁和风雨，这是一个值得深入挖掘的故事。

湖镇工业的崛起不仅仅是企业数量和产值的增加，更是政府与企业之间密切合作的结果。创办经济开发试验区、建立工业区，都是湖镇政府为推动工业发展而采取的务实措施。各项政策的实施为企业提供了发展的空间和机遇，也推动了湖镇整体的经济转型。

湖镇工业区的建设更是一个具有里程碑意义的举措，从基础设施建设到政策体系的不断完善，为湖镇工业的可持续发展奠定了坚实基础。湖镇政府在建设过程中的先行先试以及湖镇企业家们的勇敢尝试和实践，都成为湖镇工业腾飞的推动力。

在湖镇工业发展的历程中，涌现了一大批具有开拓创新精神的企业家和领导者。他们敢于尝试新的经济模式，引入外部资源，吸引外来投资，为湖镇的工业腾飞提供了源源不断的动力。这是一个勇攀科技高峰、迎接市场挑战的时代，湖镇人民用自己的智慧和毅力书写了一篇篇充满传奇色彩的工业史诗。

通过这部口述研究，我们将深入挖掘湖镇工业发展的故事，倾听当地企业家和政府官员的亲身经历，呈现湖镇工业兴起的曲折过程以及他们如何应对挑战、迎接机遇，走向繁荣的。这是湖镇工业发展的口述史，是一个充满奋斗和拼搏精神的历史长卷。

| 目 录 |

第一章　厚积薄发：龙商精神一脉相承　孕育商机焕发活力 …… 1

　第一节　龙商精神一脉相承，创业基因血脉觉醒 …………… 1
　第二节　乡镇企业兴起，下库砖瓦厂发展壮大 ……………… 4
　第三节　商贸流通有活力，激活经济新动力 ………………… 6
　第四节　抓改革机遇，促湖镇蝶变 …………………………… 9
　第五节　兴办棉纺厂，助力快发展 …………………………… 12
　第六节　坚守纺织一线，34年"织"出美丽人生 …………… 15
　第七节　时代综述 ……………………………………………… 17

第二章　破茧而出：工业园区生根发芽　产业发展奔腾向前 …… 23

　第一节　百项自主知识产权，赋能高质量发展 ……………… 23
　第二节　农田上崛起的工业园区 ……………………………… 25
　第三节　用心做强企业，用情回馈社会 ……………………… 29
　第四节　履职尽责，不负重托 ………………………………… 32
　第五节　牢记嘱托，做特种纸细分领域"生力军" ………… 35
　第六节　艰苦创业，奋斗不止 ………………………………… 38
　第七节　时代综述 ……………………………………………… 40

第三章　蹄疾步稳：乘风破浪向未来　荒野农田变新城 ……… 44

　第一节　敢试敢闯敢拼搏，开发区华丽蜕变 ………………… 44
　第二节　山海协作为园区发展注入新动能 …………………… 47

1

第三节	子承父业，创新发展	49
第四节	20多年造好一张纸	51
第五节	行稳致远，从建筑工人到铝业大咖	55
第六节	做精做强细分领域，实现企业稳健发展	58
第七节	传承龙商精神，让龙商走向全国走向世界	60
第八节	时代综述	63

第四章 华丽转型：守正创新激活力 奋勇担当谋发展 ······ 69

第一节	多措并举推动二手车市场规范发展	69
第二节	腾出发展空间，促进转型发展	72
第三节	构筑招商强磁场，挺起发展硬脊梁	74
第四节	多元化就业帮扶，为残疾人铺就"幸福路"	77
第五节	从打工人到创业先锋的蝶变	80
第六节	科研创新是企业发展的不竭动力	83
第七节	"腾笼换鸟"换出新发展	86
第八节	以技改赢市场	88
第九节	时代综述	90

第五章 逐梦未来：擎旗奋进正当时 砥砺前行再扬帆 ······ 94

第一节	诗画湖镇展现新魅力，工业强镇谱写新篇章	94
第二节	坚持工业强市不动摇，奋力开创高质量发展新局面	98
第三节	在"守"中干，在"创"中谋，让老企业焕发新活力	102
第四节	"小微园"搭建企业发展"大平台"	105
第五节	龙游湖镇——创业者的乐园，外乡人的乐土	109
第六节	建浙西最大废旧金属回收加工基地，延伸环保产业链	111
第七节	用好区位大优势，积蓄发展新动能	114
第八节	从文员到董秘，家乡的发展给了她个人发展的机会	117
第九节	时代综述	118

后记 ······ 123

附录 ⋯⋯⋯⋯⋯⋯⋯⋯⋯⋯⋯⋯⋯⋯⋯⋯⋯⋯⋯⋯⋯⋯⋯⋯⋯⋯⋯⋯⋯⋯⋯ 124

附录 1　关于同意建立湖镇镇工业园区的批复 ⋯⋯⋯⋯⋯⋯⋯⋯⋯ 124

附录 2　关于湖镇工业园区一期工程的立项批复 ⋯⋯⋯⋯⋯⋯⋯⋯ 125

附录 3　关于同意成立龙游县金盛经济发展有限公司的批复 ⋯⋯⋯ 125

附录 4　关于湖镇工业园区收费的批复 ⋯⋯⋯⋯⋯⋯⋯⋯⋯⋯⋯⋯ 126

附录 5　龙游县湖镇工业园区招商引资全程代理办法 ⋯⋯⋯⋯⋯⋯ 126

附录 6　关于高山蔬菜腌制厂改制的指导意见 ⋯⋯⋯⋯⋯⋯⋯⋯⋯ 128

附录 7　关于新光蔬菜厂企业改制的指导意见 ⋯⋯⋯⋯⋯⋯⋯⋯⋯ 128

附录 8　龙游县人民政府关于进一步加快小微企业园建设的实施意见 ⋯ 129

附录 9　龙游县人民政府关于印发龙游县工业企业"亩均效益"综合
　　　　评价办法的通知 ⋯⋯⋯⋯⋯⋯⋯⋯⋯⋯⋯⋯⋯⋯⋯⋯⋯⋯ 137

附录 10　关于进一步加强招商引资工作的意见 ⋯⋯⋯⋯⋯⋯⋯⋯⋯ 147

附录 11　湖镇镇招商引资奖励办法 ⋯⋯⋯⋯⋯⋯⋯⋯⋯⋯⋯⋯⋯⋯ 151

附录 12　关于建立镇班子成员联系工业重点工作制度的通知 ⋯⋯⋯ 152

附录 13　浙江省人民政府办公厅关于加快"腾笼换鸟"工作的
　　　　实施意见 ⋯⋯⋯⋯⋯⋯⋯⋯⋯⋯⋯⋯⋯⋯⋯⋯⋯⋯⋯⋯⋯ 153

附录 14　浙江省新一轮制造业"腾笼换鸟、凤凰涅槃"攻坚行动
　　　　方案（2021—2023 年） ⋯⋯⋯⋯⋯⋯⋯⋯⋯⋯⋯⋯⋯⋯⋯ 156

附录 15　衢州市新一轮制造业"腾笼换鸟、凤凰涅槃"攻坚行动
　　　　实施方案（2021—2023 年） ⋯⋯⋯⋯⋯⋯⋯⋯⋯⋯⋯⋯⋯ 163

附录 16　湖镇镇关于印发《关于促进经济高质量发展六条举措》的
　　　　通知 ⋯⋯⋯⋯⋯⋯⋯⋯⋯⋯⋯⋯⋯⋯⋯⋯⋯⋯⋯⋯⋯⋯⋯ 171

附录 17　湖镇镇关于印发《湖镇镇白鸽计划——人才服务保障实施办法
　　　　（试行）》的通知 ⋯⋯⋯⋯⋯⋯⋯⋯⋯⋯⋯⋯⋯⋯⋯⋯⋯⋯ 173

附录 18　关于推进工业跨越式高质量发展的若干政策 ⋯⋯⋯⋯⋯⋯ 176

附图 ⋯⋯⋯⋯⋯⋯⋯⋯⋯⋯⋯⋯⋯⋯⋯⋯⋯⋯⋯⋯⋯⋯⋯⋯⋯⋯⋯⋯⋯⋯⋯ 187

第一章　厚积薄发：龙商精神一脉相承孕育商机焕发活力

千年龙商，湖镇古埠。奔腾不息的衢江水，流经此地时一不留神画了个弧，无心之笔却孕育了一片富庶美丽之地。这里，是繁华的商贸之地，南来北往的过客走进小镇，在这条绵延近千米的古街上买卖、休憩、吃住、观光。这里，是工业强镇，各地的客商聚集于此，在这片广袤的土地上，发展壮大。湖镇人，以完全开放与包容的心态接纳来自不同地域的客人，并与之实现和睦相处、互相接纳，实现文化之间交融碰撞、和谐共生。

第一节　龙商精神一脉相承，创业基因血脉觉醒

一、经商氛围浓厚　创业热情高涨

浙江省龙游县湖镇镇通济老街，俗称"湖头街"。这条全长约 1300 米的街道，起源于唐初，宋代进入鼎盛时期，是龙游商帮的主要发源地之一，曾以八大家族和"十八埠头"闻名于世，是浙西著名商业街区、龙游核心商贸中心。在这里汇集的竹木、纸张、瓷器、茶叶、盐酒、粮油等物资，借助航运和古道远销大江南北。黄国平说，龙游商人很低调，为了保障货品安全，将奇珍异宝"武装"在自己身上。比如穿上破烂棉袄，把珍珠、玛瑙、蓝红宝石等藏在贴身的狗皮膏药里、放进鞋里，从而达到隐蔽的效果。据记载，在明末清初期间，龙游商帮经营的珠宝已占据京城珠宝市场的大部分份额，

同时他们还将产业涉足到云南等西部地区的开垦业、采矿业等。在这期间，龙游商人以血缘和地缘为纽带，活跃于江南、京师、秦晋、云南乃至海外。明中叶嘉靖、万历年间（1522—1620），龙游商帮经营足迹在国内东到沿海，南到福建，西到四川，北到北京，在国外到日本、吕宋（今菲律宾）等地，可谓"遍地龙游"。

在龙商文化的熏陶下，湖镇人较早形成了"产业资本"意识，不少商人将经营商业所赚得的资金转向投资手工业生产和工矿产业，使商业资本转化为产业资本，以获得更多的利润。1975年，当湖镇周边各地正热火朝天开发黄土丘陵，栽桑养蚕发展多种经营时，湖镇人已悄悄办起缫丝厂；1985年，正当龙游县内大力推广低酚棉种植时，湖镇人又打起棉花的主意，与国有企业和国家经销管理单位联合，办起镇属的纺纱织布企业；改革开放伊始，当人们正想开开代销店、出售香烟、酒之类物资时，湖镇人开始利用汽车、申报火车皮，深入10多个省市烟草批发单位，搞起大规模的烟草批发活动，赚得改革开放以来的"第一桶金"；当农民们开始筹钱购买拖拉机和农用汽车时，湖镇人又开始悄悄地收购废旧汽车，形成颇具规模的再生资源市场；当龙游县县政府着手引导农民发展"绿色、环保、生态、高效"农业时，湖镇的生态型无公害蔬菜基地、蛋鸭养殖基地等纷纷建立，形成"集中投入、连片开发、企业带动、大户实施"的农业发展新格局；当县政府提出"工业立县"的发展战略时，湖镇镇南、沙田湖两大工业区块迅速成形，工业企业突破500家，产值突破60亿元，上缴税金突破1亿元，真正成为衢江之畔的一颗明珠。湖镇人能吃苦，更能抓住商机，改革开放以来，湖镇的百姓一次又一次在商海中取得成功，一方面靠的是政府的引导，但另一方面湖镇人骨子里蕴藏的经商血脉，更是他们能够成功的关键。

二、完善基础设备　助力工业发展

从1977年的湖镇丝厂、1980年的下库砖瓦厂，再到湖镇棉油加工厂；随后1987年，龙游第二麻纺厂建成投产；1988年，龙游县委县政府决定创办湖镇经济开发试验区，这也为当地的民营经济发展，提供了崭新的舞台；1992年，浙江环达油漆创办，当年湖镇工业经济产值就超过了1亿元，成为龙游县第一个工业产值超亿元的乡镇。随后，浙江固特气动机械有限公司创办，浙江君飞纺织有限公司创办，一系列民营企业的兴起，也让湖镇商业氛围日渐浓厚。为此，湖镇镇政府开始从基础设施建设发力，把道路建设作为重中之重，不等不靠，主动作为，有效地解决了群众出行难的问题，为群众生产生活提供了便利。通过扩建客运站等措施，方便外地客商来湖镇投资兴业。印象比较深刻的是1993年，湖镇开通了程控电话，当时花费了几百万元，而且月租费达到1万多元。但程控电话安装起来后，最大的好处就是可以联通全国各地，电话可以直接打，不用再转接。湖镇当时是安装了两部，极大地方便了湖镇百姓和企业家，有什么急事，他们就可以到镇里来，通过电话第一时间与全国各地的客商沟通。20世纪90年代那几年，湖镇镇先后被评为浙江省"百强乡镇"和衢州市"乡镇企业十佳镇"。经济的快速发展，对于金融服务的需求量也呈现井喷式上升。当时，湖镇镇政府先后引入工商银行、建设银行、农业银行和信用联社，这些金融机构通过助推普惠金融发展、创新金融产品设计、严密防范化解金融风险、加强金融服务保障，以平台搭建、制度创新、政策引领、部门联动等多项举措，形成高效推进的工作闭环机制，不断改善湖镇金融生态环境，推动湖镇经济高质量发展。

三、经济发展"试验田"　跑出转型加速度

1988年，湖镇经济开发试验区在改革春潮中诞生，民营企业登场。1995年后国有企业、二轻企业和乡镇企业相继改制，大多改制为民营企业，湖镇也从昔日以郊野农田为主，发展成为衢州市对外开放主窗口、经济发展主阵地、项目建设主力军。随后，湖镇上下激情干事创业，大家万众一心、传承接力，以"敢教日月换新天"的豪迈气魄，敢为人先、艰苦奋斗，使湖镇作为产业之城迅速崛起，棉纺、油漆、紧固件等一批企业快速成长。1985年，湖镇乡镇企业达135家，从业1834人，产值1030万元；1992年，乡镇企业有187家，从业3222人，产值1.02亿元。随着工业经济的发展，工业园区的设立也是水到渠成，于是也就有了2002年湖镇镇南工业园区的设立，这也为湖镇工业的发展插上了新的翅膀。湖镇能够在改革开放后，工业

经济迅速崛起，背后的龙商精神功不可没。在"中国十大商帮"中，唯独龙游商帮是以县域命名，这不仅仅是商业史上的奇迹，也是区域文化史上的奇迹。"遍地龙游"之美誉，有其发展的机遇与时代的因素，但更重要的是有一种精神文化，支撑并推动着龙游商帮的发展。在《龙游商帮重点文化元素解码报告》中，将龙游商帮文化元素的核心基因表述为"源远流长的文化根基""'无远弗届'的精神意志""互帮互学的团队精神""胸怀天下的儒商风范"等。在龙商文化的熏陶下，湖镇的企业你追他赶，数千家店铺争奇斗艳，工商业正在重现"龙游商帮"的辉煌。新征程上，湖镇将坚持实干快干、善作善成，积极融入共同富裕示范区浙西明珠建设的重大工程，以先行镇的姿态，走好转型发展与共同富裕之路，为实现经济繁荣、环境优美、生活富裕、人文独特的美丽小城市而努力奋斗。

（口述者黄国平，龙游湖镇人，曾任中共龙游县社阳乡党委书记、湖镇镇组织员、龙游县文化和旅游局副局长、龙游县体育局局长、龙游县史志办公室主任，兼任龙游县民间文艺家协会主席等职。）

第二节 乡镇企业兴起，下库砖瓦厂发展壮大

一、发挥资源优势 因地制宜建厂

乡镇企业，有明确的法律定义（见《中华人民共和国乡镇企业法》），大多源起于改革开放前就已存在的社队企业，当时农村的"包干"，解决了农民种粮积极性问题，解决了农民吃饭问题，但也产生了一个很大的问题：农村剩余劳动力问题。由于农民种粮积极性空前高涨，过去几个人的活，现在一个人干了，剩下的人，就变成了剩余劳动力。为此，各地都准备开始搞乡镇企业，当时湖镇还是金华县管辖，当时的县府办公室主任到下库这边来挂职，通过实地调研走访后发现，下库这里的泥土比较适合制作砖瓦，为此就提出了兴办下库砖瓦厂的设想。当时说干就干，大家的积极性都很高，何金

元是筹建小组副组长，具体负责整个砖瓦厂的建设，他和大家一样，从来没有干过这样的事，没有经验，都是一步一步摸着石头过河。当时整个厂占地约180亩，1980年正式开工建设。

二、艰苦奋斗建成　齐心协力发展

一切从零开始，那时候公社里既没有启动资金，也没有现代化机械设备，为了能够尽快开工建设，当时公社从电影队里借了1000元作为启动资金。没有设备，公社社员们人挑肩扛，大家也没有喊过苦和累，所有人的目标就是尽快建成投产，但建设过程中的困难还是超出了大家的想象，1000元想建一个砖瓦厂，无疑是天方夜谭，为此公社的党委书记通过多方努力，最终从金华农业银行贷款40万元，解了燃眉之急。资金有了，物资也需跟上，因为当时还是以计划经济为主，所有的重要物资全部要审批过才能购买，不是有钱就能买到，所以那时候何金元经常去金华物资局，去跑钢材、水泥等物资。就这样"东一榔头，西一棒子"，砖瓦厂慢慢有了模样，终于在1981年3月，厂房正式投入使用，砖瓦厂总投资约57万元。当时，砖块主要以计划分配为主，下库砖瓦厂的产品主要销往龙游、十里坪监狱、巨化集团等，但由于没有技术支撑，一开始烧出来的砖块质量不达标，大部分都属于残次品，烧出来的砖块都堆放在厂里，成为垃圾废品。为了能让生产尽快步入正轨，厂里决定出钱聘请技术专家驻厂指导。专家来了之后，和大家一起开始研究，根据下库当地土质情况，一点一点改进工艺，通过反复不断地尝试，特别是火候的把握，坯砖间的间隙控制等，大家一起讨论，一起改进，终于烧出了达标的砖块，当年产红砖1500万块，产值60万元。但随着产能的释放，烧砖的重要原材料——煤，也开始捉襟见肘起来，当时主要从山西那边采购，但由于火车运力有限，有时候会出现有煤运不过来的情况，所以何金元会经常去山西，尽力对接当地的火车站等部门，将煤运回来，以确保生产所需。就这样，在大家的共同努力下，砖瓦厂渐渐红火起来，也成为当地的明星企业，很多老百姓在家门口实现就业，而且待遇也相对不错。1997年，下库砖瓦厂改制为民营企业。

三、乡镇企业兴起　提振农村经济

20世纪70年代末，湖镇的乡镇企业开始起步，先后办起湖镇丝厂、湖镇棉油加工厂、湖镇棉纺厂、湖镇针织厂、砂石厂、酒厂、彩蛋厂、龙游县第二麻纺厂、下库火腿厂、七都油厂等，均属乡（镇）集体所有制性质。1983年，湖镇乡镇企业达18家，职工629人，年产值375.13万元。其中下库火腿厂，位于大路村陆家自然村，占地2050平方米，建筑面积1236平方米，1984年11月投产，主产金华火腿，为浙江省食品公司金华火腿的定点生产单位，年生产火腿1.2万只，分割肉200吨；1994年3月，增设肉松车间；到1996年，固定资产达51万元，产值143万元。龙游县第二麻纺厂，位于马报桥村邵家自然村，占地6770平方米，建筑面积4456平方米。到1992年，湖镇乡镇企业已达187家，从业人员3222人，产值1.02亿元，一系列的数字，见证着湖镇经济的崛起，乡镇企业深刻改变了农村经济单纯依靠农业发展的格局，使得乡村工业化成为可能。最大的特点就是农民可以"离土不离乡"实现就地转移就业。亿万农民在没有国家投入的情况下，自我完成了从农民到工人的角色转换。眼下，讲述者何金元虽然已经退休了，但仍然办了一家民营企业，他说，干了这么多年的乡镇企业，自己最擅长的就是做生意，所以虽然现在年纪大了，但还是闲不下来，这或许就是湖镇人的生意经吧。

（口述者何金元，龙游县湖镇镇山头村人，曾任龙游县下库砖瓦厂厂长兼供销科科长。）

第三节　商贸流通有活力，激活经济新动力

一、香烟市场兴起　带动商贸发展

20世纪70年代末至80年代初，龙游县湖镇集镇部分群众跟随溪底杜

活动房屋厂推销员，到上海等地推销活动房屋时，发现上海不少居民每月有国家分配的卷烟票，不抽烟的人经常将烟票送给别人，其中飞马、大前门、牡丹等品牌的香烟在当时非常紧俏他们便试探性地向上海人购买，或用鸡蛋等交换，购得香烟后返回湖镇适当提高价格销售。1984年后，有经销商开始从事烟源组织，只管进货与转手，周边地区经销商开始向湖镇要货。就这样，随着辐射范围的扩大，1987年湖镇出现烟草大批量进出，外地不少卷烟流入湖镇，当地烟商经分类后，按不同品牌、档次流出，慢慢湖镇出现不同品牌烟草的专门经销户，并形成采购、承运、装配、分类、输出等整套市场营销体系。湖镇烟草采购队伍人数不少，各地烟草公司订货会纷纷邀请湖镇代表参加。据统计，1988年至1989年，湖镇日平均烟草吞吐量达万箱以上，近万人从事烟草业，年烟草交易额超亿元，1989、1990年，湖镇烟草经销商先后受13个省市烟草公司委托，代表其参加全国烟草订货会，卷烟市场的兴起，使湖镇集镇"昼夜"两旺、人流不断，经营者的经济收入明显增加。当时湖镇香烟有贵的，也有便宜的，便宜的8分钱一包，贵的一块多一包，随着香烟市场的兴旺，新星路两边显得非常拥挤，车辆难以通行，为此，当时的湖镇镇政府决定于1988年开始建设解放南路。

二、搭建新市场　开启新征程

解放南路，南北向，北起新星路与解放路连接，南至浙赣铁路边，长约1000米，宽28米。叶森荣是当时湖镇区副区长，分管农业，镇里让他负责征地。当时这一带都是老百姓的农田，其中新光村50亩左右，新湖村80亩左右。老百姓对于征地还是非常陌生，一想到地征了后，相应的收入就减少了，大家都不太同意这个事情。叶森荣接受征地工作后，就开始白天黑夜地做工作，从村干部、生产队队长入手开始做思想工作，特别是有几个极力反对的农户，叶森荣也是通过各种办法来做工作，最后，凭借极其优厚的条件——每亩田每年给老百姓1500斤稻谷，终于全部签约。开工建设前，镇里还专门组织到温州去考察，看看人家的商贸集镇建设模式，回来后，镇里就按照温州那种前店后厂的模式开工建设，两侧一次性安排了24幢新房，每幢10间，占地432平方米，集工、商、居于一体，并鼓励外地企业和个人来集镇投资开发。当时开始招标后,很多本地、外地的香烟贩销户来报名,销售非常火爆,没多久新房就被抢完了,他们是一边建新房,一边做生意。为了进一步完善相关的基础设备,镇里还在新规划的46省道与解放南路交叉的十字街口安排了供销社、农业银行湖镇营业所、邮电支局等4幢大楼。到1992年,镇里新增各种用房建筑面积超过12万平方米。1995年后,新建菜市场、宾馆等,湖镇供电所、湖镇派出所、湖镇汽车客运站、昌正国际大酒店等的建成以及蔬菜综合市场的迁入,使集镇综合功能区日趋完善,到2013年,解放南路西侧至沙田湖大道,46省道以北至新星路以南范围配套齐全,实现商贸中心向南转移。

三、各类市场加速兴起　城镇活力蓬勃跃动

一直以来,湖镇都是商贸重镇,经过多年的发展,先后形成集贸市场、专业市场和物资交流会等。1985年,镇里投资24万元,在供销社门市部后面两侧建蔬菜市场,占地1953平方米,建筑面积2060平方米,拥有固定摊位121个,1986年投入使用,当年成交额724万元。随着集镇规模不断扩大,原蔬菜市场已难以满足群众所需,2006年南迁至新湖路,占地2118平方米,建筑面积1900平方米,拥有固定摊位205个,投资346.56万元,成交额4901.98万元。仔猪市场在湖镇市场中也占有重要地位,20世纪70年代后,市场发展较快,江西、福建等外地客商都会来湖镇进行采购,1988年,湖镇工商所投资38.1万元,仔猪市场迁址新星路2号,新建市场占地4143平方米,设有检疫室、停车棚和客房,1983年至1991年,交易量稳定在3万头至4万头之间。废钢铁市场是20世纪80年代始于洪贩村马龙山自然村,当时部分农户购进报废汽车和拖拉机,进行切割分解,归类成零部件与废钢铁进行销售,后逐渐形成规模。1992镇政府规划引导,并将其迁入46省道毛岭头至马报桥段北侧,占地4.67万平方米,建筑面积2400平方米,固定摊位59个,不少经营者在经营废钢铁的同时,创办二手车市场。2010年,废钢铁交易达1350吨,成交额310.5万元;二手车经销公司近30家;一百多人参与经营,年经营收入超过10万元的21家,经营收入达984万元,2013年冬,废钢市场的市场份额、经营业务统一并入浙西再生资源

市场。旧货市场1988年8月创办，原为小商品市场，由于交易品种单调，未能形成规模，1992后改为旧货市场，位于湖镇集镇解放南路西，新星路南。占地4000平方米，建筑面积500平方米，摊位300个。

浙西再生资源市场，位于湖镇集镇沙田湖大道两侧，46省道以北，占地13.3万平方米，建筑面积14万平方米，固定摊位106个，临时交易场地5600平方米 由浙江省供销合作社所属浙江天瑞再生资源开发有限公司投资建设，2011年3月动工，2012年列入浙江省服务业重大项目计划，2013年9月建成开业，投资2.2亿元。市场分商品交易区、拆解加工区、物流配送区、商品展示区、信息服务区、汽配及有色金属交易区、商务区等7个区块，是以钢、铜、铝、不锈钢等再生金属回收、分拣、加工、交易为主，集二手车、施工机械、汽车零部件再制造等为一体的综合性再生资源集散市场。截至2013年底，市场固定交易户62个，日均进场交易顾客52人，日均交易额280万元。

一个个小市场，助力着湖镇商贸业的大发展，从香烟市场到二手车市场，从仔猪市场到蔬菜市场，湖镇人靠着灵活的经营头脑，无中生有，从弱变强，一步步走向更好的明天。

（口述者叶森荣，曾先后在龙游县下库公社、七都公社、湖镇公社、湖镇乡、湖镇区、士元乡等地工作。）

第四节　抓改革机遇，促湖镇蝶变

一、从农业强镇向工业重镇转型

湖镇处于金华、兰溪和衢州的三角地带，20世纪80年代是农业重镇，棉花、水稻、柑橘曾是湖镇的支柱产业，全镇各类农作物的种植面积达12000亩。到了20世纪80年代中期，随着各地乡镇企业的兴起，湖镇的下库砖瓦厂、火腿厂、丝绸厂等企业逐渐兴旺起来，湖镇的工业也有了一定的基础。1985年，区里的党委班子讨论研究，想成立湖镇区经济开发区，把工业企业发展起来，当时龙游县里的领导让湖镇区里策划一个文件，就是关于发展工业经济的相关优惠政策。为此，大家进行了近一年的基层调研，同时还前往外地进行了学习考察，但当时还处在改革开放的初期，很多地方设立经济开发区都是摸着石头过河，走过的路程也是十分艰难曲折的，既充满了种种阻力与风险，又有那一代人的勇敢探索与大胆突破。当时，时任区委书记的佘治平和区委班子通过调研走访后，草拟了发展工业经济22条优惠政策，提交到县里进行讨论。当时的阻力是非常大的，大家的思想还是比较保守，县里不敢批复，因为很多政策已经打破了常规。最后经过前前后后两个多月的激烈讨论，同时召集了财政、农业、国土等多个部门的参加，各方协商后，县里最终只答应了其中的12条政策，其中的土地、财政、人才、金融等政策，在当时来说都是打破条条框框的，很多激励机制也在很大程度上推动了湖镇工业的快发展。当时县里在土地政策上，也是突破各种限制，给予了湖镇很大的支持，同时，在税收上按一定的比例返还给湖镇，留给镇里自己用，用于开发区的建设。当时在用人上，湖镇也有相应的自主权，所以可以选择一些刚刚毕业的大学生，这样为开发区的人才建设补充新鲜血液。作为农业镇，当时镇里的财政也不富裕，而想要建经济开发区，就需要大量的资金投入。为此，县里也出台了相应的金融支持政策，信用社、农业银行等单位，拿出一部分资金，定向用于开发区建设。当时公安、法院等也在湖镇设立派出机关，并增加相应的工作人员，全力服务好开发的建设。在一系列优惠政策的支持下，湖镇慢慢由农业重镇向工业重镇转型。

二、从香烟市场向商贸重镇转变

湖镇香烟市场，在改革开放的大潮中兴起，经过几年的快速发展，成为当时华东地区最大的香烟市场。香烟市场说白了其实就是一个调剂，把别人积压的香烟拉过来放在湖镇卖，其中会进行相应的配套调剂。当时，江苏、安徽等地的香烟相对来说销售不畅，而上海的牡丹、云南的云烟、浙江的新安江等香烟就比较受欢迎，所以湖镇香烟市场会在卖一些没有利润的香烟时，再搭配一些利润较高的香烟。这样，低中高相互搭配，让大家在香烟市场有利可图，所以凭着湖镇百姓聪明的市场营销模式，生意越来越火爆。当时银行还没有点钞机，每天镇上的银行点钞票都来不及，点到手发软，那时候一天下来一个银行的进账基本都超80万元，这给银行清点带来了比较大的压力，湖镇开始从外地调运点钞机，但当时各地都很少有这种设备，最后通过协商，从温州调来了两台，缓解了银行的压力。同时，钱多了，也容易发生治安事件，当时湖镇派出所仅有5个民警，面对这么大的一个市场，警力明显不够，但想要增加编制，也有一定的难度。为了更好地服务于本地、外地客商，湖镇决定成立联防队，配合派出所做好治安工作，当时联防队选用的全部是退伍军人和基层民兵，由镇里出钱支付工资。有了联防队的加持，给大家以更多的安全感，也让广大客商能够在湖镇安心经营，就这样，香烟市场逐渐兴旺起来，湖镇当地百姓也从中赚取了第一桶金，1986年，年收入超过50万元的商户有10户；1987年，年收入超过100万元的有5户；1988年，湖镇香烟市场年收入最高的一户达1700万元。也正是这时，湖镇成为金华、衢州两地的重要枢纽，同时在全国也颇有影响力。之后，整个市场开始搬迁，向外扩张，随后，二手车交易市场等也逐渐发展起来，这些都为湖镇成为商贸重镇，夯实了根基。

三、从商贸重镇向工业强镇转变

市场活跃了，老百姓富了，政府的税收也增加了；政府有钱了，相应的基础设施也快速完善起来，配电站，集镇建设等项目，都很快地完成了。随后，国家一系列的政策出台后，香烟市场等也进入了转型阶段，很多经营户在政府的引导下，纷纷进入实体经济，像环达油漆、名龙纺织、君飞纺织等企业纷纷成立，逐渐形成五金、纺织、新材料等一批镇域支柱产业。湖镇在改革开放过程中抓住了机遇，虽然也充满了挑战。虽然也有内外的压力，但湖镇人凭借着吃苦耐劳的精神挺过来了。作为龙游商帮的发源地，湖镇人善于捕捉信息，利用利息，将经营的行业都做到极致，尤其是在纸业，书业，珠宝业等其他商帮涉及不多的行业，做得风生水起，起到了拾遗补阙的作用。特别是珠宝业，在明朝中就有不少龙游商人投身珠宝业，因为，龙游商人胆大心细，通过多种方式在路上藏匿珠宝，再销售到京城，精于贩运珠宝业的龙游商人闻名于全国商界。以镜为鉴，可以正衣冠，以史为鉴，可以知兴衰。龙游商帮虽然已经退出了历史舞台，但是从龙游商帮崛起、辉煌、衰落的大起大落的历程，给湖镇人民留下了不少启迪和借鉴，源远流长的龙游商帮文化、富有内涵的龙游商帮精神永远根植在湖镇人的心中，影响着当代湖镇人的生活，白云苍狗，沧海桑田，历史的进程谁也无法阻挡。如今湖镇人民重拾信心，开拓进取，继承和弘扬龙游商帮的优良传统，再创辉煌，指日可待！

（口述者佘治平，1984年4月—1989年2月，担任金华地区龙游县湖镇区区委书记。）

第五节　兴办棉纺厂，助力快发展

一、棉花种植面积扩大　产量持续增长

龙游县湖镇镇地处金华、衢州两地交界处，境内土地平整、集中连片、设施完善、农电配套、土壤肥沃、生态良好、抗灾能力强，非常适宜水稻、棉花、柑橘等作物生长。随着经济的发展和农村改革，中国棉花种植面积逐渐扩大，从20世纪70年代到90年代，种植面积迅速增加，这个时期，湖镇也开始扩大棉花种植面积，并通过引进现代化农业技术和灌溉设施，引入优良品种，使棉花的产量也持续增长。1980年，湖镇全镇的棉花种植面积达到了460公顷，产量突破了364吨。当时种植棉花多，主要是当地农民想获得更高的经济收入，需要大量土地种植经济作物。当时的各级党委政府也非常鼓励农民种植棉花，一来农民可以增加收入，二来还可以增加当地的财政收入，可谓一举两得。农民种植棉花并不容易，从春季的4月份就要开始育苗，自从棉花苗移栽到田地里，农民几乎就被黏到了棉花田里，整枝打叉，喷洒农药，一朵一朵地摘棉花，可以说是从春天忙到后秋，时间长

达七八个月。农民将棉花收到家里就是丰收了，最关键的当然还是销售，当时随着湖镇棉花种植面积越来越大，产量越来越高，销售不畅的问题逐渐显现。

二、新建棉纺厂　延长产业链

湖镇的棉花种植，经过几年的发展，面积从 400 公顷扩大到了 500 公顷，面积产量的增加，随之而来的就是销售问题。那几年，全国各地的棉花产量大幅增加，由于运输成本原因，很多本地企业都会优先收购本地棉花。那时候，湖镇本地没有相应的棉纺厂，所以产的棉花全部销往外地，进入 20 世纪 80 年代后，农民的棉花销售成为一大难题，亟待解决。这时候，镇政府开始谋划建设棉纺厂。当时，上海的棉纺企业在全国实力最强，数量最多，而且正处于转型发展期，正需要往外进行产能转移，经过牵线搭桥，镇政府最终与上海第十二棉纺厂建立了合作关系，上海十二厂出技术，湖镇供销社、龙游县土特产公司出原材料，龙游县政府出资金，湖镇区政府出土地，多方合作，1986 年在湖镇正式开始筹备办厂。万事开头难，说实话，那时候大家都没有办企业的经验，特别是棉纺厂，相比砖瓦厂、火腿厂等，它的要求更高，所有的一切都是摸着石头过河，但大家的工作劲头非常足。当时，作为现场负责人，童雪芳一天 24 小时基本上是以厂为家的，所有的东西他都要仔细查看、仔细核对，并做好各方面的对接工作。一开始遇到的最大问题就是资金短缺，当时由政府出面，先贷款一部分；但这还远远不够，所以又让施工单位先期垫付一部分，后面又让企业职工们集资了一部分，每人 5000 元；再后来，购买设备的钱又先赊欠一段时间；就这样东拼西凑，在大家的共同努力下，厂房土建完成，设备也从上海第十二棉纺厂购买过来。硬件配套推进的同时，人才培训也在同步进行。当时招聘的第一批 173 人，派到上海培训，时间是半年，大家都非常珍惜这个来之不易的机会，学习都非常刻苦，非常认真。学习期间，每个月，上海第十二棉纺厂都会专门给大家组织考试，成绩不合格的，要重新组织进行再学习，再考试，那时候所有的纺织工人，都想争一口气，一旦某次考试没考好，都会觉得很丢脸，甚至是茶饭不思。那段时间，所有在上海学习的人，都是没日没夜地学。当时厂里明文规定，所有学员在上海学习期间不准谈恋爱，大家都很好地执行了。在经过近一年时间的学习，三批学员共400多人，100%拿到了结业证书，回来后，大家也是迅速投入工作中，当时整个棉纺厂的设计规模是5000枚锭子，设计年产棉纱800吨，1987年1月正式投产，当年生产21支纯棉纱共923.24吨，其中出口棉纱30吨，创汇6万美元。1988年12月，棉纺厂二期竣工，纱锭增至1万枚。1989年3月，安装192台织机的织布车间建成投产，当年实现产值787.03万元，利税150.89万元。棉纺厂的建立和壮大，不仅很好地解决了当地棉花的销售难问题，更带动了湖镇一带村民的就业，而且还盘活了整个棉纺产业，带动了上下游链条的形成，更为以后湖镇棉纺产业的形成奠定了坚实的基础。

三、学中干　干中学　坚持不懈促提升

童雪芳介绍，由于本地棉花质量好，所以生产的棉纱相对来说质量也比较稳定，很快就得到了市场的认可，为此整个厂的效益也越来越好。童雪芳以前是在镇里管水利的，自从接到安排他去管理棉纺厂的生产的任务后，他也是二话没说，直接就去了。但是管理棉纺生产还是需要很多专业方面的知识来支撑，作为一名水利员，童雪芳一切都是从零开始，那个时候，大家几乎没有休息的概念，工作热情高涨。一时间，"把龙游建设得像上海一样"成为大家最流行的新口号。生产规模越来越大，知识的短板也越来越明显，所以，童雪芳坚持学中干、干中学，从去上海学习开始，他就从严要求自己，每一个内容、每一次考试，他都是冲着最好的目标努力，半年多的学习，让他基本掌握了整个生产流程。龙游棉纺厂投产后，童雪芳也是没日没夜地在车间里转，作为厂长，每一道工序他必须自己先搞得明明白白，每一个细节他都得自己先去熟悉一遍，这样才能教人家怎么做，做得好。童雪芳说，那时候都是白天车间，晚上再去查阅资料，各类的纺织书、机修生产书，都被他翻阅个遍，书中内容也是烂熟于心。正是凭着这股不服输的韧劲，童雪芳把整个棉纺厂越带越好。到了1991年，棉纺厂5个产品经省轻工业厅纺织测试中心测试，达到国际上等一级水平；1992年底改为专行纺纱生产，达到2万枚纱锭规模；1994年被省里评为地区最大规模企业和最

佳经济效益企业；1996年，棉纺厂规模增加到2.33万枚纱锭，职工530人，固定资产2346万元，产值3398万元，利税181万元。

（口述者童雪芳，龙游县湖镇镇新光村村民，曾担任上海第十二棉纺厂龙游分厂生产科科长，副厂长。）

第六节　坚守纺织一线，34年"织"出美丽人生

一、青春正当时　进厂当工人

1986年，姚银娣刚刚读完高中一年级，恰逢棉纺厂开始招工。虽然，坊间一直流传着"男不进矿女不进纺"的说法，来形容女工在纺织厂的辛苦，但姚银娣却非常渴望得到这个机会——成为工人。因为平时表现很好，她被村民们一致推荐而顺利拿到了这个唯一的名额。随后，她就被派往上海第十二棉纺厂进行培训。半年的训练，既漫长而短暂，身在异地他乡，大家每天都是很努力地学习。姚银娣她们从最基本的挡车学起，经常是白天车间学，晚上寝室学，因为是零基础，姚银娣还会经常跟工友们一起，到图书馆借书看，大家凑一起讨论学习。在上海学习时，棉纺厂的车间里布满了轰隆的织布机台，每一名挡车工需要不断地巡回在5部机台之间，以最快的速度把纺出的断线接上，以保证每一股纱锭随机器持续正常地出纱，而单一部机台就有450锭纱。上班8个小时，眼、脚、手都必须不停地运转，还要行动迅速，才可以应付。工作非常辛苦，但姚银娣并没有被吓倒，再辛苦，既然干这行，就要爱这一行。她这一"爱"真是爱得彻底。那时候，她开始琢磨，为什么别人能做得既快又好？她仔细观察"老"工人怎么做，下班后，干脆把一锭纱带回宿舍，苦练接线头的手法。虽然在上海只有短短半年左右的时间，但她的技术已经非常娴熟了。回到龙游湖镇后，她就担任了管理员，几年后，又升为了车间主任。从此，又快又好地纺纱，几乎成了姚银娣全部的生活和所有的兴趣。

二、平凡岗位显风采　人生无悔放光芒

20世纪80年代，虽然在工厂里过得很艰苦，可是，那个时候，工人们都有稳定的收入，有一定的社会地位。但是到了20世纪90年代以后，由于种种原因，中国纺织工业陷入前所未有的困境，经济效益不断下滑。从1993年开始，一度出现了全行业亏损。在这期间，"纺织工业"被称为"'苦菜花'的同义词"。纺织工厂成为高中、中专学校毕业生最不愿意去的单位。从1998年开始，中央提出三年压缩淘汰1000万落后棉纺锭，这个数字占国有纺织企业产能的四分之一。一批中小纺织厂关停并转，为数众多的纺织职工纷纷下岗、转岗。龙游县棉纺厂虽然也面临各种各样的困难，但总体来说，还能维持。2000年前后，棉纺厂实行了改制，从原先的乡镇企业，变成了私营企业。对于姚银娣来说，原有职工"全民"身份的转换，即从原来计划经济下形成的"全民所有制""主人翁"身份，转换为市场经济条件下，依据劳动力市场需求就业的"自然人""社会人"。虽然身份不同了，但工作还是一样干，她还是坚持在车间一线，带领工人们坚守岗位，用自己的青春助力企业发展。

三、芳华如歌三十四载　择一事而终一生

芳华如歌数十载，择一事而终一生。三十四载精耕细作、三十四载爱岗敬业、三十四载温暖无私，三十四年转瞬而逝。从懵懂的花季少女到现今的年逾半百，作为亲历者，姚银娣见证着湖镇经济的发展和变迁，她满足、幸福，即使已经离开了工作岗位，但心中充满眷恋与不舍。34年，是再也回不去的青涩，是永无止息的奋斗。34年，工资从30元每月，涨到6000多元每月，湖镇也从最初的只有几家乡镇企业，发展到如今年产值达50亿元的工业重镇。生命是一树花开，或安静或热烈，或寂寞或璀璨。而无论哪一种绽放，都是赴一场美丽的人生之约。姚银娣说，34年来，她哭过、笑过、爱过、拼过，也幸福过。生命虽有遗憾，但花儿从来不失芬芳。

（口述者姚银娣，龙游县湖镇镇大坪村人，曾担任上海第十二棉纺厂龙游分厂车间主任。）

| 第一章 | 厚积薄发：龙商精神一脉相承　孕育商机焕发活力

第七节　时代综述

一、湖镇工业发展的历史背景及时代内涵

湖镇工业的蓬勃发展是时代浪潮推动的产物，反映了时代的内在要求和乡村振兴战略。回望历史，湖镇工业起步于20世纪初，当时中国正处于社会动荡和战乱的时期，乡村经济相对滞后。湖镇，作为一个典型的乡村镇，面临着贫困和经济发展不均衡的问题。因此，湖镇工业的发展首先要放在时代的背景中审视。

20世纪初，中国社会风云变幻，经历了战乱和政治动荡的洗礼。这一时期，农村经济相对较为落后，传统手工业和农业为主的小农经济主导着湖镇的经济生活。然而，这一时期的社会动荡也埋下了后来湖镇工业崛起的种子，农民纷纷迁移到城市，接触到先进的技术和管理经验，这为后来湖镇引进外来投资和技术积累了人才和经验。

1949年，中华人民共和国成立，国家开始实施农业合作化政策，湖镇的农业生产逐渐走上轨道。这为湖镇提供了相对稳定的经济基础。然而，农业合作化的过程中也暴露出了一些问题，如生产力不足、农民收入水平有限等。在这一时期，政府开始对乡村经济进行调整和改革，湖镇的工业化发展开始显现。

20世纪70年代末，中国进行了社会主义改革和开放，这一时期湖镇工业开始迎来蓬勃发展的契机。国家对工业进行了大力扶持，湖镇得以引进新的生产技术和管理经验。同时，湖镇的地理位置优越，交通便利，为引进外来投资和发展工业创造了有利条件。在这一背景下，湖镇工业开始迅速崛起，从小规模手工业逐渐向大规模现代化工业转变。

20世纪80年代末，湖镇工业迎来了更加深刻的发展变革。当地政府提出创办经济开发试验区的决策，为湖镇工业发展注入了新的政策动力。试验区的建立为湖镇提供了更加宽松的政策环境，吸引了大量的外来投资和外地

企业进驻。政府实施了一系列扶持政策，如土地提供、税收减免、企业配套设施免费等，为湖镇工业的规模化和现代化发展提供了坚实的政策基础。

随着时代的推移，湖镇工业逐步从传统的手工业为主发展成以轻纺、造纸、化工、五金交电、食品、家具、饰品和建材为主体的多元化工业体系。在乡村振兴战略的背景下，湖镇工业的发展不仅反映了时代的发展趋势，也是中国农村产业结构调整和经济发展转型的有益尝试。湖镇工业的崛起不仅改善了当地居民的生活水平，也为周边地区提供了发展的样板。湖镇工业在历史发展中肩负着时代的使命，成为中国农村经济发展的亮丽篇章，为乡村振兴提供了成功的经验借鉴。

二、湖镇工业发展的时代意义

（一）经济社会效益的显著提升

湖镇工业的蓬勃发展不仅仅是经济层面的成功，更是从全面推动可持续发展方面起到了积极的引领作用。

首先，湖镇工业的兴起为当地创造了大量的就业机会，有效缓解了农村劳动力过剩的问题。1988年至2021年，湖镇工业企业数量逐步发展至年产值亿元企业达11家，年产值2000万元以上规模企业达32家。这不仅反映了湖镇工业的规模逐渐扩大，更意味着大量的农民在这一发展浪潮中获得了新的就业机会。湖镇工业的迅速崛起为农民提供了从事工商业的新途径，使得原本单一的农业生产模式得以多元化发展。通过工业化发展，农民的收入水平显著提升，村民生活水平有了明显的改善。

其次，湖镇工业的发展为当地提供了丰富的税收来源，为地方财政注入了强大的动力。在湖镇工业快速发展的过程中，相关的企业和从业人员纳税成为地方财政收入的重要来源。通过完善的税收政策，湖镇政府成功吸引了大量企业前来投资兴业，形成了一个良性的发展循环。这不仅提升了地方政府财政实力，还为后续的基础设施建设、社会事业发展提供了坚实的经济支撑。

再次，湖镇工业的繁荣助推了当地的城乡建设，改善了基础设施和公共服务水平。有了税收收入的支持，湖镇政府得以有力地推进城镇规划和建设，改善了当地的道路、水电、通信等基础设施，提升了乡村居民的生活品质。同时，工业企业的蓬勃发展也为当地的社会事业提供了重要支持。例如，可以通过企业社会责任项目投资教育、医疗、文化等方面，为湖镇的社会事业注入更多的活力。这不仅提升了当地居民的福祉，也使湖镇成为一个更加宜居的地方。

从次，湖镇工业的快速发展为当地带来了产业集聚和技术创新的机遇。由于湖镇工业在发展初期就着力于引入外来投资和引进先进技术，所以形成了一批技术水平较高的企业。这不仅推动了湖镇工业整体水平的提升，还为相关产业链的发展提供了动力。湖镇工业的兴起，使得相近产业的企业更容易形成集聚效应，形成了产业集群，促进了技术创新和信息流通。这种集聚效应有助于提高湖镇工业的整体竞争力，进一步推动了产业结构的升级。

最后，湖镇工业的蓬勃发展也在文化和社会层面产生深远影响。通过引进外来投资和技术，湖镇工业为当地居民带来了新的文化元素和社会观念。企业文化的引入和企业家树立社会责任意识有助于培养当地居民的职业道德和社会责任感。这种文化的传播和交流为湖镇的社会进步提供了更多的动力，使这一地区在全面发展的过程中成为精神文明进步的引领者。

综合来看，湖镇工业的快速发展在经济社会效益方面取得了显著提升。通过提供就业机会、创造税收、改善基础设施、促进产业集聚和文化发展，湖镇工业为当地乡村社会带来了全方位的变革。这种经验不仅对于湖镇自身的可持续发展具有重要意义，更为其他乡村在实现经济繁荣、提升社会福祉提供了可行的范本。

（二）制度创新与政策借鉴

湖镇工业的崛起不仅是经济发展的结果，更是在政策和制度创新方面取得的丰硕成果。湖镇地方政府在经济发展中的积极探索和实践，对于推动乡村工业化具有深远的意义。

首先，湖镇在创办经济开发试验区方面的举措展现了前瞻性和勇于尝试的精神。1988年5月，湖镇县委提出在湖镇创办龙游县湖镇经济开发试验区，同时提出了"农贸结合、工贸兴镇、大胆探索、锐意进取，为建设浙西强镇而奋斗"的发展口号。这一举措本质上是在乡村经济中引入了市场化的理念，试图通过建立经济试验区的方式，推动湖镇的工业化发展。这种政策创新的决心和实践，为湖镇后来的蓬勃发展奠定了坚实的基础。

其次，湖镇政府在1988年6月制定并出台了一系列具体政策，包括"引、扶、让、简、勤"五大方面。这一政策体系全面而系统，从多个方面推动了湖镇工业的快速发展。

在"引"方面，政策在对外招商引资方面发挥了关键作用。政府通过向外地招商引资，使集镇中心的土地得到充分利用，吸引经商办厂者前来发展工商业。与此同时，土地使用费的优惠政策也刺激了外来资本的流入。这一政策的制定不仅显示了湖镇政府在经济发展中的开放心态，更是为当地工业的崛起提供了坚实的政策支持。

在"扶"方面，政府对试验区内的企业全免配套设施费用和无偿提供的水、电、路等设施。这种全方位的支持有力地降低了企业的创业成本，刺激了更多的企业前来湖镇发展。特别是在建房过程中的费用全免，为企业节省了资金和资源，使得企业可以更加专注于生产和技术创新。这种针对性的扶持政策为湖镇的工业企业提供了强有力的保障。

在"让"方面，政府在试验区办厂的企业实行允许税前还贷的政策，同时实行"三税"（营业税、产品税、增值税）的前3年全免，后3年减半征收。这一灵活的财税政策既切合了企业的实际情况，又为企业提供了财政上的支持。在企业刚刚起步的初期，政府的这些政策举措直接降低了企业的财务负担，帮助企业更好地走上可持续发展的道路。

在"简"方面，湖镇政府大力简化了审批手续。通过将区公所、镇政府的相关人员组成联合办事机构，为外来经商办厂者提供一站式服务，大大缩短审批时间，降低了企业的创业成本。这种高效的审批流程为企业提供了更加便捷的创业环境，有力地推动了湖镇工业的发展。

在"勤"方面，湖镇政府通过及时为各企业解决各种实际困难，实现了全程跟踪服务。这种细致入微的服务使得企业在发展中不会遇到过多的阻碍，提高了企业的发展效率。政府的积极态度为企业在湖镇安心发展提供了保障。

这一系列政策的制定和实施，体现了湖镇政府在推动乡村工业化中的开拓精神和务实作风。湖镇工业崛起的成功经验为其他地方在产业政策和扶持措施上提供了宝贵的借鉴。通过这些政策的有效实施，湖镇工业在短时间内取得了令人瞩目的成绩，为中国乡村工业化的全面推进提供了可借鉴的经验。

（三）社会文明程度的提升与文化传承

湖镇工业的蓬勃发展不仅在经济和基础设施领域带来了深远影响，更在社会文明程度的提升和文化传承方面发挥了积极作用。工业化进程中涌现出的文化元素和社会观念为湖镇注入了新的活力，同时，传统文化在这一过程中也得以传承和发展。

首先，湖镇工业引入了先进的管理理念和职业道德观念，提升了当地居民的社会文明程度。随着外来投资和技术的引进，湖镇的企业开始注重企业文化的建设和员工的职业培训。企业文化的传播促使员工形成积极向上的工作态度和团队协作精神。企业通过开展各类培训活动，提高员工的综合素质，培养了一支富有创新精神和团队协作能力的劳动力队伍。这种先进的管理理念和职业道德观念的传播，使得湖镇的社会文明程度有了明显提升。

其次，湖镇工业的发展为当地提供了更多的文化交流和学习机会，促进了文化传承。随着外来企业和投资者的涌入，湖镇居民有机会接触到不同地域的文化和社会观念。这种文化的交流促使湖镇形成了更加开放和包容的文化氛围。同时，湖镇政府也意识到文化传承的重要性，通过举办文化活动、成立文化学院等方式，积极推动传统文化的传承。湖镇工业的发展为这一地区带来了多元文化的交融，促进了传统文化的继承和发展。

再次，湖镇工业的文化影响也体现在企业社会责任的践行上。随着湖镇工业规模的不断扩大，企业逐渐认识到自身在社会中的责任。许多企业积极参与社会公益事业，投资建设学校、医院、文化场馆等公共设施，为当地居民提供更好的教育和医疗服务。同时，企业还参与各类文化活动，支持本地文化产业的发展，推动当地文艺事业的繁荣。这些举措不仅增强了企业在社会中的良好形象，也为湖镇居民提供了更丰富的文化生活。

最后，湖镇工业的文化传承还表现在对传统手工业和民间工艺的保护与发展上。在工业化过程中，湖镇的一些传统手工业和民间工艺可能受到冲击，但湖镇政府通过制定相关政策，积极推动传统手工业的保护和创新。通过培训传统工艺师傅，建立相关保护机构，湖镇努力保护和传承传统手工业技艺。同时，湖镇工业的繁荣也为传统手工业提供了更广阔的市场和发展空间，使得这些传统手工业在现代工业体系中找到了新的生存和发展模式。

总体来看，湖镇工业的蓬勃发展为当地社会文明程度的提升和文化传承注入了新的动力。先进的管理理念、文化交流、企业社会责任的践行以及对传统手工业的保护与发展，共同构成了湖镇工业在文化层面上的丰富内涵。丰富的文化元素不仅为湖镇居民带来了更好的生活体验，也为湖镇这一地区的可持续发展奠定了坚实的文化基础。湖镇工业的成功经验在文化传承方面为其他乡村提供了宝贵的借鉴，成为中国乡村振兴战略中不可忽视的一部分。

第二章　破茧而出：工业园区生根发芽产业发展奔腾向前

衢江江畔，三江之口，舍利塔下，千年古埠，春意盎然。2000年，湖镇工业园区破茧而出，自此，一粒开发、开放的"种子"在湖镇生根发芽、茁壮成长。这是一片产业聚集、创新资源集聚的热土；这是一片承载希望、成就梦想的热土。岁月如歌，春华秋实。谁能想到，二十年前，没有工业企业，没有启动资金……太多的没有，就是湖镇工业园区的起步。园区设立后，百业待兴，面对着一穷二白的底子，镇里一批年富力强、勇于开拓的创业者，在市场经济的海洋中搏击风浪，学习经验、开辟发展之路，在市、县财政无力注入大量启动资金的情况下，运用市场经济手段，完成土地征用任务，并吸引一大批客商来这片热土投资兴业。

第一节　百项自主知识产权，赋能高质量发展

一、不做附庸　牢牢掌握关键核心技术

浙江固特气动科技股份有限公司，成立于1997年，老板叶建山自1971年5月至1996年12月，历任龙游水泵厂车间主任、科长、厂长等职。萧亚兵和叶建山是小学同学，而且他在大学里学的是机械专业，跟公司的主营业务也非常契合，所以叶建山就邀请萧亚兵过来担任公司的研发工程师，萧亚兵这一干就是二十多年。这二十多年来，固特给萧亚兵最大的印象就是"研

发投入大，创新能力强，成果转化快"，这也是"固特"保持快速稳定发展的绝招。公司每年投入研发的费用占销售额的7%左右，并积极与各大专院校合作，目前公司已获得自主知识产权98项，现有效的自主知识产权56项（其中发明专利19项、实用新型专利37项），承担的各级科技计划项目36项（其中国家火炬计划项目2项、国家重点新产品1项、浙江省重大科技专项2项、省级重点高新技术产品5项、省级新产品26项）。公司2018年获得浙江省科技进步三等奖、2020年获得中国机械工业科技进步三等奖，2021年获得中国石油和化学工业科技进步三等奖，2021年获得浙江机械工业科学技术一等奖。2015年，固特气动筹备新三板挂牌上市。同年，固特气动在龙游县相关部门的支持下，兼并收购了"宜成机器"。通过理顺公司内部管理，"灌输"新理念、采用新技术，固特气动生产的产品在国内市场的占有率提高至20%左右。

二、不断创新　加快抢占细分领域市场

固特气动是国内专业从事工业领域散料输送装备研发生产的主要基地，是高新技术企业，他们建有"省级高新技术企业研发中心""龙游县流体传输系统技术国家地方联合工程实验室固特研发中心"，2016年上榜工业和信息化部认定的专精特新"小巨人"企业，同时是全国管道物料输送专业委员会、浙江省机械工程学会物流工程分会理事单位。依托多年来持续对科研开发的投入，企业多项产品成为行业佼佼者。固特气动先后与浙江大学、浙江理工大学、国电环境保护研究院、国电电力建设研究院、龙净环保、菲达环保等大院名校、名企建有长期良好合作关系。2020年固特气动与浙江理工大学合作的"高参数流程工业自主部件研发及应用大型火力发电机组用粉煤灰气固两相输送耐磨闸阀研发及国产化"项目列入省级重点研发计划。固特气动主导产品散料输送装备是大型火电机组、大型钢厂关键配套部件，产品被认定为"浙江制造精品"，已在300余家火电厂、钢厂应用，客户包括华能玉环电厂、嘉兴电厂、丰城电厂、贵州六盘水发耳电厂、江西新昌电厂、莱钢、永钢、元立、南京钢铁、萍钢股份、攀枝花钢铁股份等。固特气动的产品也从最初的普通钢到合金钢，再到现在的纳米陶瓷，具有了更好的耐

磨、耐高温和密封性。为绿色发展添砖加瓦，是固特气动的一大目标，固特气动主营业务为物料输送系统，解决了散料在输送过程中产生二次粉末污染，并有助于提高传统输送方式的效率，提高劳动生产率。如今，固特气动生产的压力容器产品具有国家颁发的 D1、D2 级压力容器设计制造资质，并拥有美国 ASME 压力容器设计生产资质，还与国内国电、华电等五大发电集团等保持长期的合作关系。

三、不断努力　驱动新一轮高质量发展

习近平总书记在浙江工作时，着眼于破解经济社会发展面临的"先天不足"和"成长的烦恼"，开创性地提出"腾笼换鸟、凤凰涅槃"，强调"立足浙江发展浙江""跳出浙江发展浙江"，为推动经济结构战略性调整和增长方式根本性转变指明了方向。固特气动作为全国专精特新"小巨人"企业，是压力容器产品领域的领军型企业。由于早期发展过程中，没有通盘考虑，所以 3 个厂区分处不同地点，存在管理难、物流成本高等问题。这几年的快速发展，导致这样的短板更加凸显。为此，他们跟县政府商量，进行"腾笼换鸟"，把他们原先的厂房腾出，县政府再重新划给他们连片的空间，2022 年，他们在龙游经济开发区顺利摘得土地，上马新项目。新厂房占地面积为 100 亩，计划建设近 8 万平方米的厂房和 3200 平方米的办公楼。投产后，每年将释放 3 万台阀门、2 万吨压力容器、1 万吨粉料输送装备以及 100 万套天线的产能。

（口述者萧亚兵，浙江固特气动科技股份有限公司研发中心副主任，先后被授予"龙游杰出职工""龙游最美科技工作者""龙游县第八批拔尖人才"等称号。）

第二节　农田上崛起的工业园区

一、农田上建起了工业园区

20 世纪 80 年代的香烟市场，为湖镇的当地百姓积累了一定的原始资

本，20世纪90年代，随着改革开放进一步深入，市场经济更加活跃，部分人开始自己办厂创业，并逐渐发展壮大。2000年，徐兴邦还在湖镇镇下田坂办事处任党支部书记，周边也有不少企业，在改革开放春风的沐浴下，在大家的拼搏努力下，这些企业逐步发展壮大，原有的小作坊模式已无法满足企业的发展需求，很多企业主就想从村里搬出来，扩产能、拓规模。看到了发展需求后，作为主导部门的镇政府，便开始谋划建立工业园区。龙游县于2000年8月批准成立工业园区，但真正的硬茬是接下来的征地、基础设施建设等。当时园区选址就选在他所在的下田畈村一带，所以2001年时，徐兴邦的职位也变了，变成了镇工业办公室主任兼园区管委会副主任，他到任的第一项任务就是征地，当时目标任务是一期征地500亩，作为工业园区一期用地。当时老百姓对工业园区这个概念还很陌生，根本不知道园区建起来是干什么用的，对他们来说有什么样的好处，所以对于征地也不是很理解。徐兴邦唯一的优势就是在下田畈村工作过一段时间，有一定的群众基础，所以做起工作来还算顺利。他也会经常到老百姓家里，跟大家讲政策、讲好处，总的来说，农户这边的征地还算顺利。当时还有一部分土地是属于十里坪监狱的，作为省属单位，前期沟通对接相对还是比较复杂的，后来，通过多次协商，最终采取了置换的方式，把剩余的土地也全部征到位。土地征收完成，接下来就是平整土地，再通水、通电、通路。当时镇里的经济基础还是非常薄弱的，说到底就是没钱。当时镇里测算了一下，整个园区三通一平工程大概需要投资近千万元，那时候镇里一年的收入可能也就一两百万元，钱怎么解决？当时镇里领导班子就一起商量讨论，后面就是依靠各个主管部门，比如通电这一块，让电力部门先垫付一部分，镇里出一部分，先把电缆接进园区，后续镇里再慢慢把钱还上；水管铺设也是同样的方法，先由自来水公司安装，钱先欠着；就这样东一榔头，西一棒子，将园区的基础设施建好。现在回头想想，确实不容易，那时候睡在单位是经常的事情，湖镇工办只有四五个人，大家轮流值班，夜里出现突发情况，大家都会第一时间到达现场。园区建成后，产业的导入就成了头等大事，当时湖镇主要有紧固件、纺织等产业，两年内也都搬进了园区，但整个湖镇的工业总体体量较小，而且竞争力不强，所以当时镇里招商引资工作，也是想联系实力强，符合湖镇发展方向的企业进园区。其实招商这一块工作，徐兴邦从来也没做过，也是摸着石头过河的。2002年，一个温州老板想到园区内投资建造纸厂，投资额也比较大，镇里非常重视，前期谈判，进展很顺利，签订意向书后，企业提出了一些相关的基础配套设施要求，其中一个条件就是每天的供水量需要达到400吨以上，作为一家造纸厂，用水保障是第一要务，当时湖镇水厂的日供水量可能也就四五百吨，如果全部供给企业，老百姓的用水就难以保障。而如果用水问题不能解决，企业落地也是一句空话，煮熟的鸭子难道就这样飞了？当时徐兴邦就和镇里几位主管工业的领导一起讨论，经过各方意见综合后，唯一可行的方法是从8千米外的社阳水库引水过来，那就需要埋设直径1.5米的管道才可以满足企业的用水需求，经测算，一次性的投入在1000万元左右，作为基础设施投入，这笔钱需要镇里支出，又卡在了钱的问题上，因为当时园区前期建设的投入刚刚结束，整个镇财政确实是捉襟见肘。后面，镇里又再次请来了自来水公司，跟他们商量解决方案，最终决定由自来水公司投资建设，建好后经营权归属于自来水公司，一切收益归他们。这样，既解决了镇里的资金难题，又能让自来水公司获益，最主要的还是让企业尽快安心落地。随后，工业园区里第一家招商引资企业正式动土开工。这家企业当时叫恒达纸业，现在改名叫恒达新材料，落地开工其实还只是第一步，后续的问题也还需要他们镇里出面协商解决。因为当时园区周边都是农田，工厂建设过程中，往往会造成渠道堵塞、道路破损等情况，影响到周边的百姓。碰到纠纷，企业想到的肯定是镇里，一接到电话，镇政府工作人员也是随叫随到，尽全力解决问题。很快，恒达一期就建好了，随后又立即上马了第二期。当时企业负责人跟镇政府工作人员讲，确确实实是镇里的用心服务、真心付出，打动了企业，所以他们又马不停蹄地投资了二期项目。随后，大明纸业等造纸企业也纷纷入驻园区，为湖镇的特种纸产业发展奠定了坚实的基础。后来，田雨山茶油有限公司、环达油漆等相继落户园区，整个园区的产业体系更完善了，总产值也是一步一步往上升。

二、沙田湖工业园区拔地而起

有了工业园区这个平台，湖镇的经济发展很快。到了2005年，当时镇南工业园区的1000亩土地，已经基本用完，想再扩大规模，必须扩大园区规模，镇里提出再建一个新的工业园区。徐兴邦当时还在镇工业办公室主任的这个位置，新工业园区筹建前期的工作还是镇工业办公室这边主导。选址是第一步，当时镇里的目标是要比原来的园区再大一点，这样可以容纳更多的企业，初步定在1500亩左右的规模，经过多方讨论比较后，最终选址在沙田湖。沙田湖本身是一片沼泽地，种植水稻等农作物比较难，所以也一直荒废着，同时，整块地相对比较平整，后期的工作量相对比较少，更为重要的是，沙田湖里有砂石、石块，也可以进行相应的利用。综合这些条件后，镇里就开始搞基础配套设施建设了，有了第一个园区建设的经验，沙田湖工业园区很快就进入了招商的阶段了，这个工业园区的招商，镇里定的第一个要求就是不能有污染，环保一定要达标。徐兴邦印象最深刻的是，当时金华、永康等地产业迎来了新一轮的转型升级，像木门生产加工等产业中的一批小企业，由于亩均税收不高，面临搬迁，他们也组团到湖镇来考察，想一起搬到沙田湖工业园区里来，但徐兴邦跟镇里领导一起跟他们谈了以后，感觉这些企业在部分工序中，还是有一定量的废水、废物、废气产生，当时领导就拍板说，宁缺毋滥，宁可土地先空在这里，也要把有限的资源留给更好、更具优势的企业。现在回过头来看，一旦把这些企业引入进来后，可能就没有后来的金龙纸业、道明新材料、圣蓝新材等优质企业的发展空间了。这里也要为镇党委班子的高瞻远瞩点个赞。2023年，金龙纸业正准备着主板上市，道明新材料产值突破了1.5亿元，齐飞铝业也将突破1亿元，圣纸新材二期也已经建设完成，2023年年底正式投产后，产值也将突破1亿元。沙田湖工业园区也成为绿色、低碳、环保发展的典范园区。

三、前人栽树　后人乘凉　为湖镇发展贡献自己全部的力量

习近平总书记说过，前人栽树，后人乘凉，徐兴邦这一代人就是要用自己的努力造福子孙后代。确实，作为在湖镇工作了四十多年的湖镇人，见证了湖镇工业园区从无到有，从小到大，从弱到强的历程，2013年，徐兴邦从工办主任的位置换到了农办主任，这十三年工办主任的经历，也让他深深地懂得了企业强则工业强，工业强则经济强，经济强则农民富。湖镇的工业

产值从2001年的2亿多元，到如今规上工业产值即将突破50亿元。这样的成绩，离不开园区这个平台，离不开企业自身的努力，也离不开政府的引导。2023年6月，徐兴邦退休了，回头看看湖镇一步步成为衢州经济重镇，这里面也有自己的一份努力，他很自豪，在新征程上，希望湖镇经济越来越强，产业越做越大。

（口述者徐兴邦，2001年—2013年担任龙游县湖镇镇工业办公室主任，2013年—退休担任龙游县湖镇镇农业办公室主任。）

第三节　用心做强企业，用情回馈社会

一、君飞纺织落地　二十年磨一剑

2001年，投资200万元，黄礼生的企业正式成立。因为黄礼生和妻子只有2个女儿，出生时黄礼生为她们取名，大的名叫黄丽君，小的名叫黄丽飞。所以后来他有了这家企业，就叫"浙江君飞纺织有限公司"。200多万元的"种子"播撒到"君飞纺织"这块"地"上之后，好在这块"地"当时是选对了，再加上党的政策很好，再浇上些汗水，企业才有了今天。

当时，湖镇企业并不是很多，黄礼生算是比较早开始投资实体的，当时他的想法就是财富的种子一旦落地，那么从出苗到生根到长叶，再到开花、结果，决定它的最后的"收成"的，除了这块土地的好坏，除了气候因素，就取决于你的辛劳，你的培育。22年了，其实他不太喜欢接受媒体采访的，他就想着"低调"地经营着他的企业，埋头默默地耕种他的"1亩3分地"。企业做到了今天，至少也算全县数得着的"重点规模企业"之一，最高峰时年产值达1.5亿元。企业的发展也是一步一个脚印，稳定向前，这期间，他也非常注重技改投入，这几年来，更是不断加码。因为纺纱行业一直都被视为劳动密集型产业，原先他们一条生产线需要100—120名工人，要想在激烈的市场竞争中抢占先机，就必须要转变以往传统的生产模式。所以车间作

业从机械化到自动化、智能化是企业发展的必然趋势。2016年公司投入3000万元，启动了第一条生产线的技改；2019年又投入2500万元引入一批新设备，对第二条生产线进行改造。设备的不断迭代更新，破解了企业扩产提质面临的招工难和用工荒，产品质量提升，更让企业进军到了纱线高端市场。这也让君飞纺织摘下了"用工多"的帽子，更在激烈的市场竞争中抢占先机。其实一直以来，他都是秉承企业从来都不是一口吃成一个胖子，没有好高骛远，而是稳扎稳打，实实在在。"君飞"也算一个家族企业，除了他和女儿在公司担任要职，他的两个侄子，1个掌管生产，1个管着销售；公司赚了钱，再考虑扩大再生产，虽然也免不了向银行贷款，但他能贷半年期限的决不贷1年，为的是能减少一点利息支出，从而更多地将"红利"分给公司职工。

二、坚守初心反哺社会　承担更多社会责任

企业这些年的成长，离不开社会和政府的支持，饮水思源是中国传统文化中的一种重要思想，它强调一个人要始终铭记自己的根基，感恩祖先和社会，珍惜今天的幸福生活，同时也要向社会作出贡献。在当今社会，越来越多的企业开始注重反哺社会、回馈社会，从创业之初，黄礼生就积极参与各种社会公益活动，为弱势群体提供帮助。现在，公司里有劳动年龄段残疾人65名，其中智力、精神障碍者57名，重度多重残疾人1名，肢体残疾人7名。2010年9月，公司创建了残疾人小康·阳光庇护中心，把智力和精神障碍者集中起来进行工疗、康复和庇护性就业，走出了独具特色的"君飞模式"，实现从生活康复向就业康复转变，让残疾人有一个"家"，有一份"业"。近几年，公司共投入250多万元对阳光庇护中心进行完善和提升，2019年顺利通过了衢州市第三方的评估验收，被授予"四星级"残疾人之家。他们公司的残疾人大部分是智力、精神障碍者，他们的工作效率不高，一部分残疾人对自我的行为缺乏约束力，但黄礼生要求公司依照国家标准，给予缺乏持续工作能力的残疾人1800多元的工资，而具有一定工作能力的残疾人，经过多方位多渠道的培训后，掌握了过硬的操作技能，从工疗车间走进了普通车间，顺利做到了一人顶一岗，他们的月薪达到了4500元左右，

另外更具工作能力的残疾人工资可达 6000 元左右。在残疾人员工福利方面，公司也做了不少相关工作。公司努力推进残疾人员工同工同酬，有五险一金，逢年过节的水果礼品也是残疾人的基础福利。公司于 2018 年花费 210 万购置一幢总面积 1400 平方米的四层楼，专门用于"残疾人之家"规范化建设。按照"八个有①"要求，推进"残疾人之家"的规范化建设。"残疾人之家"高标准配备了培训室、文体活动室、健身（康复）室、休息室、书画阅览室、心理咨询等服务功能室，实现了硬件设施的更新换代。进一步满足残疾员工生活、工作、康复和文化需求，好几个残疾员工都说，他们做梦都想不到能住上这么好的楼房，有这么丰富的康复和文体活动供他们参加，这真是一个超温暖的"家"。此外，公司专门到湖镇卫生院聘请医护人员，每月对残疾员工进行体检和心理疏导，并建立一人一档的健康档案。还建立了"班长"管理制，公司挑选一名肢体残疾员工为"班长"，"班长"管理小组长，小组长管理自己手下的残疾员工。每天由小组长带领好自己的成员完成各自的康复活动和工疗任务。小组长采取每季度公开推选或竞聘上岗，公司给各小组组长发放职务津贴。这些措施大大提高了残疾员工的积极性和参与性。扶残助残是中华民族的传统美德，"只要人人都献出一点爱，世界将变成美好的人间"，君飞纺织也会将这项工作一直持续下去，让共富路上，一个都不落下。

  改革开放以后的那几年，因为吃了一回"螃蟹"，黄礼生积累了一些资本，但他没有将这些资本用于购房买车，打小住"茅铺"过来的他，也没有置办任何奢侈品。对于普通家庭来说，这些钱已经足够下半辈子的生活了，比如买房、买车，买高档生活用品，这些都没有问题了，但或许他就是一个爱折腾的人，或许他就是一个"傻"人，不知道享受，天生爱折腾，喜欢把来之不易的资产转化为资本。资产转化为资本，真的挺容易，其实也挺难。说容易，因为它只需要一念之间；说它难，是因为找准投资目标本身就难，更难的是一旦投入，那么你所付出的将远远不只是你的初始成本，尽管这个

---

① "八个有"指的是"有合法的主体，有统一的标牌标识，有稳定的服务对象，有适宜的服务场所，有配套的设施设备，有完善的服务功能，有专业的管理服务团队，有健全的管理制度。

成本很可能是你半生的积蓄——正因为如此，便注定了他将要付出更多的心血与汗水！

（口述者黄礼生，浙江君飞纺织有限公司董事长。）

第四节　履职尽责，不负重托

一、粮库验货员转型创业海豹公司

吴俊敏的职业生涯始于在粮库担任仓库保管员和验货员。但他并没有满足于当时的状况，而是怀揣着对更广泛发展机会的渴望。通过一年的粮库工作，他不仅积累了验货和管理的经验，也对粮食行业的运作有了更深入的了解。

调到粮贸公司标志着吴俊敏职业生涯的新篇章。在这里，他投身到业务领域，担任了新职务。这个阶段，他展现了对新挑战的勇气和对职业发展的积极追求。然后，他又调到了粮油发展公司，在这个过程中逐步晋升至业务经理的职位。这段经历不仅为他提供了更广泛的行业视野，也锻炼了他在管理和业务方面的能力。然而，面对时局的变化，粮食部门改制后，吴俊敏不得不应对下岗的现实。然而，他并没有畏难退缩，而是在2002年选择了创业，创办了一家油漆厂。这是他职业生涯的一个巨大的转折，也是一个富有挑战的决定。

创业初期，吴俊敏怀揣着一颗真诚的心，选择了涉足儿童玩具油漆的生产。他将公司命名为"浙江海豹制漆有限公司"，不仅因为海豹与他们产品的特性相契合，还因为海豹是一种可爱的动物形象，寓意着童趣和善良。海豹公司最初由三个人合伙创办，后来变成了两个人，但整个团队一直保持相对的稳定。吴俊敏在这一过程中强调了懂得取舍和思考真理的重要性。尽管他自己在粮食部门有着丰富的经验，但最初三年他并没有直接介入海豹公司的管理和销售。直到后来有股东离开，他才介入管理层，并主导公司的销售工作。吴俊敏的经验和智慧使得海豹公司能够在激烈的市场竞争中稳步发展。他从事粮食贸易方面的工作时在全国奔波，通过灵活的运作，成功地为公司赚取了差价。随着粮贸公司的停业，他将重心全面转向了海豹公司，并努力争取公司的稳步发展。

二、锲而不舍　追求卓越

在充满挑战的创业过程中，他们不仅面对着技术和市场的双重考验，还时刻保持着对品质和安全的坚持。初创时期，新产品技术的尚未成熟，公司规模相对较小，研发资金受限，这让吴俊敏不得不在不确定性中谋求突破。2007年8月广东佛山市利达玩具有限公司因其替美国商家生产的玩具被发现油漆铅含量超标，被召回96.7万件玩具产品，并被中国国家质监总局暂停出口，该公司香港籍老板张树鸿8月11日被发现在工厂仓库上吊身亡。这一事件的暴发成为他们前行道路上的一道坎，然而，正是在这个时候，他们以对品质的极致追求和对原则的绝不妥协，成功跻身为玛丽莎和美泰等客户的指定供应商。通过经历验厂整改这一漫长而烦琐的过程，他们展现了对持续改进和透明度的承诺，最终赢得了客户的信任。他们对产品质量的追求不仅仅停留在表面，而是深入到原材料的全面检测。这种对细节的关注使得他们的产品在市场上脱颖而出，不仅满足了客户的需求，更为产品的安全性提供了有力支持。与此同时，通过客户的推荐，他们顺利引进了香港的投资公司，这不仅是对他们过去业务的认可，也为企业带来了新的业务增长机会。这样的成功经历不仅仅是业务上的胜利，更是对他们团队凝聚力和专业能力的充分验证。

在推广水性漆产品的过程中，他们深刻体会到市场习惯的改变并非易事。客户从油性漆转向水性漆，施工上的差异不仅仅是技术问题，更是一种习惯和心理上的变革。为此，他们不仅努力提升工程师团队的技术水平，还通过与客户的紧密合作，深入了解市场需求，逐步解决了这一难题。他们在困难中锤炼了团队的意志，通过坚持诚信和原则，成功赢得了市场的认可。他们用实际行动证明，创业之路虽然曲折，但只要坚持初心，追求卓越，就能在竞争激烈的商业舞台上闯出一片属于自己的天地。这段创业历程不仅是企业的发展史，更是吴俊敏充满拼搏与智慧的奋斗史。

三、心有山海　静而不争

在吴敏俊的企业经营理念中，稳健和责任是关键词。新冠疫情给全球经济带来了巨大的冲击，而这个企业在这场风暴中展现出了坚韧不拔的品质。对于市场的不确定性，企业选择了保守经营，避免了可能的风险。在面对行业内小厂纷纷关门的局面时，企业的稳定运营显得尤为难能可贵。对于浙江省丽水市云和玩具市场的困境，企业深入了解了市场的变化，并保持了相对稳定。外地打工人员的大规模离开，使得许多工厂陷入了用工荒。然而，这个企业通过谨慎管理，为员工提供了正常的生产和工作环境，保持了员工的相对稳定。这种坚持对于员工来说是一份安稳，对于企业来说则是对整体经济的贡献。企业领导者的决策也体现了他们对整体经济形势的深刻洞察。他们不仅在经营中勇于担当，还选择主动提升自身的专业素养。领导者的注册安全工程师证书不仅是对企业安全管理的重视，更是对员工生命安全的坚守。而对于危险化学品企业生产许可证的更新，企业的主动行动表明了他们对合规管理的严格执行，以及对产品质量和生产安全的高度责任感。市场竞争的激烈要求企业必须时刻保持敏锐的市场洞察力，在毛利逐渐下降的情况下，企业意识到必须通过量的上升来寻找新的增长点。而在这个过程中，企业的经营理念不仅仅是要做好产品，更强调了诚信做事。这种对商业道德的坚守使得企业在市场中建立了良好的声誉，赢得了客户的信任。

浙江海豹制漆公司在充满挑战的环境中坚持稳健经营，不仅关心自身的发展，更关注员工的生计和整体社会的发展。企业家的决策充分体现了一家企业对于责任和稳定的不懈追求，为行业树立了榜样。在未来的发展中，相信这个企业将会继续为社会做出更多积极贡献。

（口述者吴俊敏，浙江海豹制漆有限公司董事长，由粮库验货员转型创立海豹公司。）

| 第二章 | 破茧而出：工业园区生根发芽　产业发展奔腾向前

第五节　牢记嘱托，做特种纸细分领域"生力军"

一、借力人才资源　选择湖镇建厂

2002年，湖镇镇南工业园区刚刚设立，当年5月，来自温州的客商潘军卫等人，联合龙游造纸厂中的骨干力量，创立了浙江恒达纸业有限公司。公司脱胎于传统造纸业，创新求变，稳步健行，逐步发展成今天的浙江新材料股份有限公司。作为一家从事特种新型纸基包装材料生产与研发的国家高新技术公司，公司专业生产研发各种高档医疗包装系列用纸、食品包装系列用纸等，主要服务于医疗大健康产业及国际知名快餐食品消费行业。2002年12月28日，时任中共浙江省委书记的习近平同志来到恒达新材考察调研，并留下了殷殷嘱托，为企业发展指明了方向。20多年来，公司始终牢记习近平总书记的殷殷嘱托，坚定不移地走绿色生产和智能制造的发展之路，年营收从2002年的50余万元增长至2022年的9亿余元，产业相关技术创新成果有34个，第一批获评浙江省绿色公司称号。

二、抓住发展机遇　坚持创新发展

《浙江省全球先进制造业基地建设"十四五"规划》[1] 提出，到2025年，全省制造业比重保持基本稳定，发展生态更具活力，数字化、高端化、绿色化发展处于全国领先地位，重点标志性产业链韧性、根植性和国际竞争力持续增强，形成一批世界级领军企业、单项冠军企业、知名品牌、核心自主知识产权和国际标准，全球先进制造业基地建设取得重大进展。这让恒达新材找到了转型发展的时代脉搏。公司总工程师伊财富介绍，当时，食品包装行业正向绿色环保转型，非容器类的食品包装纸需求旺盛，却大量依赖进

---

[1] 浙江省人民政府.浙江省人民政府关于印发浙江省全球先进制造业基地建设"十四五"规划的通知［A/OL］.（2021-07-19）［2023-11-10］. https://www.zj.gov.cn/art/2021/7/19/art_1229019364_2311604.html.

口。而随着生活水平的不断提高，人们的卫生意识越来越强，医疗卫生行业的包装标准也不断提高。恒达新材作为一家从事特种纸原纸研发、生产和销售的企业，在初创期的主要产品为卷烟配套原纸。公司高层敏锐地关注到市场对绿色卫生、安全环保型产品的需求后，抓住机遇，开启转型发展之路。眼下，恒达新材已是《医用透析原纸》和《食品包装用白色防油纸》的"浙江制造"行业标准的主要起草单位，另外还参加了《食品接触用一次性纸吸管》《食品接触用环保型涂布纸和纸板材料及制品》等行业标准的起草。

秋日暖阳洒在厂区洁净的路面上，穿行在厂区里，听不到嘈杂的机器轰鸣，反而能听见风吹树叶沙沙的响声，身边偶尔走过几个身着工装的员工。2023年8月，恒达新材在深圳证券交易所创业板挂牌上市的热闹场景还历历在目，而眼前的安静则诉说着这家创办于2002年5月的企业，是如何潜心经营，勇于创新，一步一个脚印，将企业标准做成行业标准，从小工厂成为行业龙头并顺利上市的。

伊财富说，原来国内的食品级防油纸主要依赖进口，它的技术难点在于纸张的防油抗水性能，特别是防油等级，恒达投入大量的资金和人力，优化产品性能，并制定了"《食品包装用白色防油纸》'浙江制造'团体标准。"，通过对原辅材料性能的研究、原辅材料配比的研究、生产设备的改造，不断优化特种纸产品生产工艺，公司也在中高端医疗包装原纸领域形成了自身的核心技术体系。2007年，随着"限塑令"的全面推行，以及下游行业规范化升级，以纸代塑成为国内医疗和食品一次包装行业的发展趋势。作为国内率先实现防油纸进口替代的企业，国内外大型食品包装生产企业纷纷向恒达新材伸来"橄榄枝"，用上了"恒达制造"。

"一流企业做标准，二流企业做品牌，三流企业做产品。标准代表一个行业的话语权，从达到标准到突破标准、制造标准，靠的是科技创新实力。"恒达新材总经理姜文龙介绍，目前公司拥有发明专利33项。公司自主研发的白色食品级抗水防油纸被列为国家火炬计划项目，与陕西科技大学合作的"高性能抗水防油型食品用纸制备关键技术研发及产业化项目""医疗阻菌包装用纸关键技术开发及产业化项目"被中国轻工业联合会分别授予科学技术进步二等奖、三等奖。

公开资料显示，2020年至2022年，恒达新材研发费用分别为2748.6万元、2991.95万元、3919.92万元，占营业收入的比重分别为4.09%、3.95%、4.11%，研发投入和占营收比重持续上升，而对科技创新持之以恒的投入，让恒达新材的高质量发展之路走得更稳更有底气。

三、"逐浪"资本市场　赋能创新发展

2023年8月22日，浙江恒达新材料股份有限公司在深交所登陆创业板，敲钟开市。首次公开发行2237.00万股人民币普通股（A股），股票简称为"恒达新材"，股票代码为"301469"，本次发行价格为人民币36.58元/股。发行后，公司总股本将达到8948.00万股，预计募集额度为4.0624亿元。"传统"产业受追捧，市盈率远高于造纸同行，恒达新材的投资价值得到充分发掘。

公司本次募资主要投向恒川新材新建年产3万吨新型包装用纸生产线项目、补充流动资金及偿还银行贷款项目。募投项目有助于公司扩大产能规模，丰富产品品类，提升技术研发能力，进一步优化公司业务布局。今天恒达公司主管从龙游飞抵深圳仅仅用时2个小时，而恒达此次成功登陆资本市场，应当说花了足足8年时间进行扎实细致的准备，经历了中国经济发展的长周期。上市的钟声从深圳特区传出，在龙游经济开发区回响，进一步激发园区澎湃激昂的内生动力。恒达新材此次登陆"创业板"巧喻着一个象征意义，漫漫征程，龙游造纸产业与整个龙游园区企业一样，开启了再创业历程，向着科技含量更足、资本力量更强、市场拓展更劲、社会价值更高、创新、改革、开放的新成长空间豪迈进发。2016年，恒达成立了全资子公司——恒川新材料有限公司，进一步扩大了公司发展的规模和产能，提升了装备的制造水平。如今，恒川新材料股份有限公司二期项目已经动工，建成后将对公司规模和产品竞争力方面有很大提升，为企业发展注入新鲜血液，助力企业跃上新的发展平台。

（口述者伊财富，浙江恒达新材料股份有限公司总工程师。）

第六节　艰苦创业，奋斗不止

一、香烟市场里淘金　广阔舞台上创业

　　吴国仙是土生土长的湖镇人，对于湖镇这些年的变迁印象深刻。20世纪80年代末，湖镇曾诞生过闻名全国的卷烟批发市场，并催生了一大批坐拥百万资产的老板，她和老公一起，也在这个市场分得了一杯羹。但那时候还是比较辛苦的，每天全国各地跑，江西、江苏、安徽等各地的卷烟公司，她们都会去对接洽谈业务。那时候不像现在，微信、支付宝、银行转账很方便，那时全部都是现金交易，一出门口袋里装得满满当当的现金，不过当时路上跑也没感觉到害怕，可能年轻时胆子要大一些。白天装货，晚上赶路，一般周边省份第二天就可以到湖镇进行销售，整个安排还是很紧凑的。那时候一车香烟到了以后，很快就会被来自全国各地的客户分完，她们也从香烟市场里赚得人生的第一桶金。1994年，湖镇的香烟市场没了。1997年，她和老公一起去福建三明办了一家钢铁厂，小孩子放在老家抚养，所以每个月都会回老家一趟，那时候感觉每次回家，都有新变化。特别是2002年前后，镇里设立了工业园区，大力招商引资，变化就更快了，他们心里也热了，回乡投资的念头越来越强烈。2003年，经过慎重考虑，吴国仙决定回湖镇投资纺织产业，成立了浙江名龙纺织有限公司，并取得快速发展，从最初只有5000纱锭的生产规模，到2012年的25000纱锭。后来，新的厂房落成后，再上新的生产线，生产高端的纯棉精梳纱，规模也扩大到了60000纱锭。那时候，她也非常注重以人为本的企业文化建设，管理方面推行了5S管理标准，企业达到了精细化管理水平，在工艺技术上面她也是追求精益求精，有效地开发了一系列适应市场需求、产品附加值较高的新产品。她带领企业连续5年被评为3A级信用等级、龙游县纳税50强，龙游县技改20强。企业2011年被评为市名牌产品，免检企业、安全生产标准化三级企业，2012年通过了ISO9001：2008质量管理体系、ISO14001：2004环境管理体系认证

和市清洁生产审核认定。吴国仙也先后被评为"全国纺织行业劳动模范""省三八红旗手",2012年当选龙游县人大代表。当时企业发展还是非常顺利的,这里面既有她自身的努力,也离不开政府部门的支持和帮助,企业有任何困难、任何问题,政府部门都是随叫随到,政企之间也非常信任,这或许也是湖镇快速发展的最大动力。

二、企业扩张太快 资金压力渐显

2009年年底开始,国际经济复苏,包括中国经济的企稳回升,使市场出现了比较大的变化,市场需求开始旺盛起来。当时,整个纺织行业行情特别好,可以说是供不应求,所以那时候吴国仙的企业就开始扩张规模,总觉得投入马上就可以收回来,没有很好地预估接下来的经济走势,或许也是前面发展得顺风顺水,或许是被胜利冲昏了头脑,当时就想着怎样增加产量,怎样增加销售。资金不够了,他们几家企业互保、联保,其实这里面的风险是非常大的,因为一家企业的资金链断裂,进而马上就会影响到担保链上的其他与之有担保关系的企业,一旦银行到期的贷款不能及时回收,其他几家企业也必然受到牵连,一旦发生资金链断裂,就会引发一场因互保和联保引发的"多米诺骨牌效应"。天有不测风云,2016年,互保企业出现问题,吴国仙也难以独善其身,苦心经营十几年的企业,说关门就关门了。那时候她想死的心都有,好几次想一走了之,心理压力非常大,和丈夫离婚后,所有的事情都得由她来承担。但后来,政府了解情况后,还是非常支持她们的,当时镇长刘明鹤,让吴国仙跟当地的信用社对接,暂时先放贷款给吴国仙,先解决眼前的问题,然后再进行厂房、机器的拍卖,由吴国仙的儿子接手企业。其实吴国仙的企业经营还是可以的,虽然受到债务危机的影响,但生产一直没有停过,而且她厂里的这些员工,大部分也跟了她十几年,吴国仙也很舍不得他们,他们也很适应了在名龙厂里上班,在大家的共同努力下,她们最终挺了过来。

三、浴火重生 生生不息

《周易》有云,"生生之谓易",意即生而又生、生生不息、革故鼎新,它是万事万物产生的本源。延展到企业,"生生不息"就是持续"进化、变革、转型与再造"的精准复合体。吴国仙 50 多岁了，像这样的年龄，有的人已经准备退休，安享晚年了，但吴国仙舍不得这个企业，舍不得跟她一起战斗的工友，更不能枉费政府对她的支持与信任。这些年来，她跟儿子一起，从头再来。但这一路也走得很艰辛，纺织行业产能过剩，陷入同质化竞争的困境，一味地靠增加产量而发展，肯定是行不通了。在新时代，市场和消费者对传统纺织业的需求也在不断变化，以前消费者更关注产品的价格和质量，但现在消费者更加关注纺织品的品质、环保和时尚等方面。所以传统纺织业必须通过转型升级来适应市场需求的变化，满足消费者需求，以保持市场竞争力。所以她们也开始寻求新的突破之道。吴国仙经常去纺织协会、纺织研究院等科研院校拜访专家老师。各类展会、展览，她都会抽时间参加，因为她干纺织这么多年了，深知各种新品种、新款式、新技术更新换代非常快，如果不学习，很快就会被市场所淘汰，通过这些平台，她可以学到最新最前沿的东西。所以，2017 年新公司生生纺织成立后，吴国仙主攻技术，她儿子管生产和销售，一大批新产品更新换代。同时，针对客户的需求，为他们进行个性化生产，也就是俗称的"私人定制"，虽然比较麻烦，但利润相比普通产品要高得多。这几年，生生纺织也进行了大刀阔斧的技改行动，伴随数字化改革的澎湃浪潮，工业互联网、智能制造深度融入纺织服装业各个领域，催生出了协同研发设计、自动化生产、在线监测、共享制造等新业态、新模式、新场景。这些数字化、智能化、自动化技术应用，也让纺织企业，能够在竞争激烈的市场中，立于不败之地，她相信明天一定会更好。

（口述者吴国仙，原浙江名龙纺织有限公司董事长。）

第七节　时代综述

一、湖镇镇南工业园成立的时代背景

20 世纪 80 年代以来，乡镇企业如雨后春笋般纷纷涌现，农村呈现出

"村村点火、户户冒烟"的景象,乡镇企业以"轻、小、集、加"为特色。随着乡镇企业的蓬勃发展,人们开始意识到这种遍地开花的模式不利于企业规模经济的实现,并且由于环境问题导致社会成本逐渐增加。

进入20世纪90年代,沿海地区乡镇企业在原始积累基本完成后,企业间的竞争加剧。在地方政府的干预下,乡镇企业的发展战略发生了调整,重点转向立足于现有工业企业,进行经济结构调整,促使企业提升规模、质量和水平,大力提高经济效益。在地方政府的支持下,乡镇企业以资产为纽带,积极组建企业集团,推动"一村一品"特色工程,以提高地区产品竞争力。

与此同时,随着企业规模的扩大和对劳动力素质要求的提高,乡镇企业呈现向城镇集聚的趋势。有实力的企业纷纷将业务搬迁到城镇内,甚至一些企业搬到了大城市,如宁波雅戈尔集团搬到了鄞县中心区,杉杉集团的总部迁移到了上海。

在1992年前后,一些中心镇开始模仿城市工业园区的建设,启动了小城镇工业园区试点建设。小城镇工业园区建设的政策参照当地城市开发区政策,取得了一定程度的成功。随着小城镇工业园区建设的深入,国务院提出了"土地向大户集中,工业向园区集中,人口向城镇集中"的方针,各城镇纷纷设立工业园区,形成小城镇工业园区建设的高潮。

发展小城镇工业园区不仅符合我国的实际情况,即将地方企业集中到城镇,加速城镇发展,而且有效地防止企业外迁导致地方经济效益的外溢。执行上级政策、保护地方利益,以及享受有关开发区政策带来的政策收益,是出现小城镇工业园区建设高潮的深层次原因。

二、湖镇工业园发展历程

湖镇工业园区的成功经验为浙江经济的健康发展树立了榜样。在全球化的浪潮下,湖镇充分把握机遇,通过开辟工业园区,吸引企业入驻,为当地经济提供了新的增长点。在工业园区的推动下,湖镇的经济发展取得了显著的成绩,不仅推动了农村工业的升级,也为城市化发展提供了有益探索。

2000年,湖镇工业园区初创时,征用土地61.88亩,总投资1840万元,6家企业入园。这标志着湖镇在工业化进程中向规模化、集聚化迈出了重要的一步。同时,通过"一个退出、两个买断、三个原则"的改制要求,湖镇加速了集体企业的改制,为后来的发展奠定了基础。

2000年至2003年,湖镇不断加大对工业园区的基础设施投入,包括排污工程、支干道、引水工程等,基础设施总投入达到1450万元。这使得工业园区内的企业得以更好地享受共享的便利,推动了整个园区的发展。同时,引进企业9家,协议总投资9800万元,实际到位资金7130万元,展示了园区对外招商的活力。

棉纺和紧固件两大行业在园区内的蓬勃发展更是为湖镇经济赋予了新的动力。2003年这两大行业的年产值分别达到6000万元和5000万元,显示了湖镇工业园区内产业的高效运转。特别值得一提的是,环达漆业公司通过改造取得了显著的发展,实现年销售8100万元,并通过ISO9000质量体系认证,为湖镇工业园区企业的产业升级提供了成功案例。

2003年,湖十路、西支干道的完工使园区基础设施水平进一步提升。引进招商项目23个,招商引资额达1.2亿元,创下历史新高。全年工业投入项目21个,总投资2.37亿元,实际到位资金2.13亿元,湖镇的经济发展再次取得显著成果。此举不仅提升了园区整体的经济活力,也为湖镇城市化发展奠定了更为坚实的基础。

湖镇工业园区的成功经验为浙江乡村振兴提供了有益探索。通过特色工业园区的建设,湖镇既解决了农村工业分散、规模小的问题,又为城市化发展提供了有效载体。在全球化浪潮中,湖镇工业园区不仅使本地区产业更好地融入国际市场,也为浙江经济的全面升级提供了成功的实践路径。

三、湖镇工业园成立的现实意义

湖镇面临的挑战在于湖镇各企业生产的大部分工业产品仍处于中低档次,与发达地区的企业存在较大差距。随着国际竞争的激烈化,传统产业将面临前所未有的压力。在这一背景下,以特色优势产业为主体,通过工业园区的方式参与国际竞争成为一种现实选择。通过规模化集聚、专业化分工、社会化服务和规范化管理,可以推动乡镇工业结构向高加工度、高附加值和高技术化方向发展，实现产业的跃升，迅速与国际经济接轨。

工业园区以"小企大集群"为基本方式，旨在通过园区规模的集聚，促进乡镇工业的升级和演进。这一模式有助于实现产业的专业化和规模效益，提高生产效率，同时为企业提供更为便利的社会化服务和管理规范。通过引入先进技术和管理理念，推动乡镇工业向更高水平迈进，更好地适应国际市场的需求。

城市化发展是当前社会发展的必然趋势。城市化不仅仅是农村人口向城市转移的过程，还是产业的集聚过程。特色工业园区为城市化提供了理想的平台。首先，产业向城市集聚有助于实现基础设施的共享，优化资源配置，推动产业结构的升级。其次，引导企业向城市集聚有助于商贸流通业的发展，培育城市金融、信息、人才、劳务等要素市场的繁荣。这不仅提高了城市的综合竞争力，也为企业创造了更为有利的生产经营环境。

农村工业化在取得巨大成就的同时，也带来了城乡分割的二元结构，限制了生产要素的合理流动。在当前工业升级和城市化推进的时代，工业园区成为促使两者共生共荣的理想载体。通过引领产业发展，工业园区不仅推动了农村经济的升级，也为城市提供了新的发展动力。这种模式不仅有助于解决当前经济全球化和城市化发展所面临的问题，也为浙江乡村振兴提供了有力支持。工业园区的建设，将成为带动浙江经济持续健康发展的有力引擎。

第三章　蹄疾步稳：乘风破浪向未来
　　　　　　荒野农田变新城

　　从原来小企业、小规模的小园区，到现在成长为企业集聚、产业集群、要素集约、服务集中的现代化产业园区，并成为湖镇实现经济高质量发展、谋求跨越赶超的主平台、主战场、主引擎。蓝图正在变成现实。经过努力，一片片荒野农田正在变成街道、社区、工厂，高楼大厦拔地而起；如今的湖镇，面朝黄土背朝天的农民变成了市民、商人，过上了现代、时尚的城市生活。变化，是湖镇这些年发展中最生动的姿态。二十年前，这里还是一片宁静的荒野、农田，眼下这里机器轰鸣，厂房林立；二十年前，这里鸡犬之声相闻，如一幅朴素的乡村画卷，如今这里车水马龙，呈现出大投入、大开发、大发展的气息。二十年，沧桑巨变。走进湖镇，鸟瞰园区，工业的发展带给人一种强劲心动的感觉。

第一节　敢试敢闯敢拼搏，开发区华丽蜕变

一、招大引强　打造产业集群

　　初到湖镇，当时镇南开发区里已有一些本地企业入驻，比如环达油漆、森林纺织、田雨山山茶油，这些企业给徐忠的印象是规模比较小，管理比较松散，按现在的话来说就是属于低小散企业。2002年11月徐忠到湖镇后，第一个目标就是引入一家实力强、管理好、效益高的企业，最终镇里把目标

锁定在恒达纸业。之所以选择恒达纸业，一方面是龙游造纸业底子比较厚，有一定的人才技术优势，恒达纸业的到来可以进一步延长产业链、补强产业链；另一方面，恒达纸业母公司在温州，属于改革开放的前沿地带，先进的管理模式，可以为湖镇本地企业带来很好的示范带动作用。果不其然，恒达纸业落地后，整套的管理模式，立即成为周边公司学习借鉴的榜样。最明显的一点，当时一般企业门口设立门卫的很少，但恒达纸业落地湖镇后，大门跟保安岗亭很气派，很快，周边公司也开始陆续改造，纷纷设立了保安岗亭，就这一个小小的细节，或许就是企业成长的一大步。

二、基础薄弱　自力更生向前进

徐忠到湖镇后，当时整个镇域经济还是比较薄弱的，他记得龙游县里每年有一个叫超收分成的奖励，意思就是考核任务完成后，超出部分县里会给予相应的分成。在他印象里，2002年湖镇镇的超收分成只有约20万元，2003年不到50万元，自主支配的资金量非常少，而且各种政策也相对较少，市、县财政也不可能有大额拨款。比较拿得出手的政策，就是土地指标由镇里自己做主。建设工业园区没钱，想办法也得上，园区的一切基础设施投入都需要镇里自己筹划，自谋资金。由于底子薄，当时镇里的资金缺口很大，徐忠作为一把手，这些问题都要他带头去解决。资金短缺，他带着镇党委班子找到了信用社，申请抵押贷款，当时最大的一笔是380万元。后来实在困难的时期，镇里还和企业商量，由企业先垫付，过段时间政府再还给企业。现在回想起来，那时候的政商关系亲如兄弟，他们服务到位，企业也非常信任镇政府。其实调到湖镇后，对于抓工业经济等很多事情他以前都从来没有经历过，也没有经验可循，大家都是摸着石头过河。不过有一点徐忠觉得非常好，就是当时的镇党委班子确实很团结，干事创业的氛围也很好，虽然干得很辛苦，但大家没有怨言，而且肯担当，说实话。当时改革开放正在推进的过程中，很多法律法规都还不完善，遇到问题怎么解决、怎么处理并没有明文规定，所以一些事情必须有人拍板，有人担责，他作为党委书记，遇到疑难杂症，没有畏难情绪，说干就干。或许正是这样的一股精气神，影响着大家，就是凭着这样一股干劲，大家一起努力，慢慢地把整个湖镇工业经济搞活了。

三、把好环保关　提升园区发展质量

绝不走先发展后治的路子，从一开始，徐忠就把招商引资的环保关牢牢守住，宁可少招或者不招，也不能把有污染的企业引进来，因为一旦有污染的企业落地后，再后悔可能成本就会很高。所以一直以来，湖镇都是围绕当地的特色产业做大做强，来进行招大引强。印象比较深刻的是2008年左右，永康那边的木门产业正进行转型升级，一些工艺落后的企业都先后搬迁到周边地区，记得一次30多家木门企业一起组团来镇里，想要一起搬迁到沙田湖工业园区，当时徐忠跟镇领导班子讨论后，决定不接收，因为这些木门企业总的产值不高，税收有限，同时生产过程中需要酸洗等工艺处理，可能会产生一定量的废水，所以他们就第一时间婉言谢绝，这也为以后引进道明新材、金龙纸业等符合湖镇长远发展的企业，留下了空间、留下了资源，事实也证明了他们当时这么做是对的，是值得的。

四、园区壮大　让百姓得实惠

发展最终是要让老百姓得好处、得实惠。当时工业园区的建立，把很多老百姓赖以生存的土地征收，那接下来他们的收入来源怎么办？下一步的发展靠什么？怎么样让他们安居乐业？为了这件事情，徐忠带领镇里相关部门的工作人员，到周边开发区进行考察学习，学习别人先进的发展模式。回来后，他们就到企业，跟负责人商量，招工时尽量优先招聘本地村民，这样让他们有一定的工资收入，确保他们先就业；另外，随着外地人的到来，很多村民也做起了房屋出租、饭店、超市等生意，整个湖镇逐渐开始热闹了起来，烟火气越来越浓，周边的百姓也确确实实从中得到了实惠。

8年是艰苦创业的8年，这其中有汗水、有泪水、更有苦水，但有了团结的班子，有了百姓的支持，有了企业家的认可，最终他们把湖镇的工业搞上去了，并且经受住了时间的考验。如今，湖镇的特种纸、棉纺、新材料、循环材料等产业已初具规模，回首往事，那些艰苦岁月因奋斗而变得难忘。

（口述者徐忠，2002年11月—2010年5月，任龙游县委常委、湖镇镇党委书记。）

第二节　山海协作为园区发展注入新动能

一、开天辟地，沃鑫成为龙游第一家山海协作企业

2002年，浙江省山海协作工程启动，这也为龙游县湖镇镇的工业发展带来新的机遇。2004年10月，陈龙泉在富阳招商局工作人员的引荐下，来到了湖镇镇，成立了浙江龙游沃鑫铁路器材有限公司。没想到在这里一待就是19年，从当初的荒郊野岭，到如今的厂房林立，沃鑫发展的这19年，也是湖镇镇快速发展的19年。

2004年陈龙泉到沙田湖工业园区，到处是一片荒凉，当时园区的配套设施还不是很完善，周边时常有野兔、野猪等动出没，但既来之则安之，一有空，他就去镇政府跟工作人员聊聊天，谈谈项目推进情况，现在回想起来，感觉那时大家都跟兄弟一样，也正是这种融洽的干事氛围，让他真正下定决心留在湖镇发展。但沃鑫的发展过程还是相当曲折的，2005年9月28日，沃鑫的厂房成为整个沙田湖工业区第一家建成的厂房，由于配套设施还没有全部完善好，水是通了，但是电还没有接进来，所有的生产设施已经全部安装完毕，就等电来开工。当时陈龙泉心里很急，镇里也很急，镇里立即跟县里汇报，当时管工业的副县长王良春，镇党委书记徐忠等，立即对接了龙游县电力局，希望他们能够特事特办，经过协商后，在最短的时间内，龙游县电力局接通了电，这也让陈龙泉悬着心终于可以放下了，这也让他更深地体会到了当地政府团结一致往前冲的干劲，和对待企业亲如家人的营商环境。

二、蹄疾步稳，公司发展蒸蒸日上

铁路器材行业，相对来说进入门槛较高，专业性很强，民营企业想分得一杯羹，更是难上加难。能够进入这个行业，陈龙泉觉得天时、地利、人和他都占到了。21世纪初，浙赣铁路提速改造，浙江段率先启动，浙江省政

府出资1000亿元。铁路提速改造需要更换新的轨枕，而且对轨枕的一致性要求非常高，误差要控制在0.5毫米之内，当时浙江省内还没有专业生产该类产品的企业，而浙赣铁路提速改造，光更换轨枕的费用就将超过5亿元，面对这么大的一块蛋糕，当时省里也鼓励本地有实力的企业踊跃参与竞争。他的公司以前在富阳也是从事混凝土制品生产的企业，面对这么大的一个市场，陈龙泉立马着手开始准备，沃鑫一方面引进西欧国家生产混凝土高标号轨枕的生产设备和工艺；另一方面在铁道部专家的指导下，对国外技术进行消化吸收，对铁路轨枕工艺进行全面革新，并最终形成了完整的长线台座法生产工艺流程。2006年9月，公司产品通过了铁道部轨枕产品的形式检验，同年11月通过了由上海铁路局科技中心组织的投产鉴定，这也标志着沃鑫生产的各类轨枕均已取得铁路上使用的资格。目前，沃鑫每年可生产各类型号轨枕100余万根，产品种类有重载轨、宽轨枕、电容枕、异型枕以及各类专线配套岔枕，广泛应用于北至黑龙江、南至广西云南、西至甘肃等地的铁路改造及高铁项目中。2010年，他又对公司的产品进行了转型升级改造，为杭州地铁提供500公里的轨枕使用量。随后，产品又进入了上海、宁波、南京、苏州等国内城市，并成功出口到澳大利亚等国外市场，是目前国内轨枕品种最齐全的生产企业，公司也实现了二次飞跃，产值最高时每年达到1.2亿元，成为行业内的龙头企业。

三、以商招商，为湖镇发展牵线搭桥

来湖镇的近二十年时间，公司一步一个脚印往前走，从几百万元到上亿元。同时，湖镇的工业经济也实现了从无到有，从弱到强的脱胎换骨。这些年来，湖镇的路越来越宽了，车子越来越多了，企业越来越强了，回望过去，陈龙泉真真切切地体会到了当地政府那种苦干实干的奋斗精神，随叫随到的优越营商环境。每次回富阳，跟当地企业家会面时，他都会推荐大家到龙游湖镇来投资兴业。这些年来，包括造纸、新材料等企业，在他的牵线搭桥下，纷纷落户湖镇这边。山海协作工程是将发达地区与欠发达地区"结对捆绑"起来，实现优势互补的重要工程。山海协作让陈龙泉来到龙游，并实现了高质量发展；同时，他也接过接力棒，把更多的企业引到这边来，续好

"山海情",谱响"协作曲",推动湖镇工业经济在新一轮的转型升级中越来越好。

(口述者陈龙泉,浙江富阳人,浙江龙游沃鑫铁路器材有限公司董事长。)

第三节 子承父业,创新发展

一、退伍回龙游 创业再出发

浙江恒祥棉纺织造有限公司是2001年,朱在敏父亲参与上海第十二棉纺织厂改制,收购了龙游分厂后改名成立的。2004年12月,朱在敏从部队退伍后,就进入公司,跟着老一辈们学习。当时什么都不懂,他就从最基层的员工做起,在技术、管理等岗位上不断磨炼自己,了解设备、产品和技术,这一过程虽然很漫长,但从中可以学到很多东西。随着阅历、经验的增加,眼界的开阔,加之对企业的不断了解,他慢慢掌握了工厂的整个生产流程、生产工艺、产品种类,最终用了近8年的时间,他从一个对纺织业一无所知的门外汉,成长为企业的"掌舵人"。后来,随着父亲的年龄慢慢增长,公司的事务也全部由他来接手了。创业艰难,守业是更难的。他接手后,第一件事情就是设备更新换代,他们公司前身是1985年成立的,设备比较老旧,他父亲接手后,由于各种各样的原因,一直没有进行更新,再加上前些年整个纺织行业的形势不好,一开始他做得比较辛苦,可以说是夹缝中求生存。后来他跟父亲商量决定,将老家义乌的企业迁到龙游,并关停部分车间,主攻最重要的业务——印染。刚刚开始有点起色,但2008年突如其来的金融危机席卷全球,对他们公司的影响非常大,面对困难,他们咬紧牙关坚持着。

二、抓住机遇迎发展 实施技改促转型

星光不负赶路人,2016年,恰逢微商经济兴起,得益于企业技改的完

成，他很好地抓住了这次机遇，通过和微商公司合作，借势移动互联网，让公司迎来了第一个发展高峰。通过与微商公司不停地磨合，他这边的技改也在不断地深入，微商需要什么样的产品，他们就开发什么样的产品，慢慢，公司的产品质量、产能都得到了很大的提升。而随着产品优势的凸显，公司在行业内的知名度也逐渐提高，从刚开始需要业务员出去跑业务，到合作伙伴主动上门寻求合作，渐渐地，公司也拥有了稳定的客源和供应商。他们所在的这个行业是一个传统的行业，竞争激烈，稍有疏忽，就有可能被市场淘汰，所以一直来他也在不断探索转型升级，虽然整个纺织业时好时坏，但他一直坚信，机会是留给有准备的人。为此，只要条件允许，他就在改设备、改工艺、改产品，在前进的道路上永不停歇。

三、建设小微园　补齐产业链

2018年，国家出台了鼓励建设小微企业园的政策，他这里土地面积比较大，总共得140亩左右，但厂房都属于80年代的老建筑，亩均产值较低。有了这个政策后，他就向镇里申请，将他这里闲置的土地建成一个小微产业园。当时镇里也非常支持，并派出专班对接，协调相关事宜，很快就批下来了，从原有的140亩土地里划出96亩，计划建设9栋新厂房，目前6栋已经建好，也引入了纺纱、印染、布料后加工、服装织造等企业入驻，形成了纺织产业的集聚发展，他的目标是最终形成从原料到成品的一条完整产业链。

四、二十年砥砺奋进　新征程再铸辉煌

2022年，受新冠疫情的影响，国内外的市场波动还是很大，订单也不稳定，但他们公司还是扛住了压力，实现产值2.7亿元，这里面最主要的原因是他们调整了产业方向。以前他们以批量化生产为主，接大单子，走大众化路线，但后果就是竞争越来越白热化，他们没有人家的成本优势。为此，这几年他开始搞差异化竞争，推出了个性化服务，利用他这里离义乌市场近的优势，紧盯需求，市场要什么，他就给生产什么，做到人无他有，人有他优。这样，不搞同质化竞争，利润率会提高不少。眼下，公司的技改也基本

完成,所有车间的设备都已更换完成,经常有国外客商到他这里来验厂,2019年公司还通过了进入欧盟市场的标准认证,这些都为他的出口业务打下了坚实的基础。朱在敏2004年退伍来到龙游湖镇,转型升级也进行了近整整20年了,美好的青春全部留在了湖镇这片热土。二十年弹指一挥间,他记得刚来湖镇时,这里几乎没有什么企业,马路上也几乎看不到小汽车,老百姓的生活还是比较艰苦的。二十年后,湖镇的工业飞速发展,企业多了,外地人也多了,现在到处是车水马龙。在接下来的日子里,他也会跟湖镇一起,奔向更加美好的明天。

(口述者朱在敏,浙江义乌人,退伍军人,浙江恒祥棉纺织造有限公司董事长。)

第四节　20多年造好一张纸

一、从"个体户"到"企业家"

"穷人的孩子早当家"。这句话对于施彩莲来说,也是完完全全地应验在了生活中,小时候的她带着妹妹读书,15岁便满镇上跑,叫卖自家产的鸡蛋、蔬菜。20世纪80年代,在村办企业袜子厂里,她通过层层筛选获得去外省学习技术的机会。学习期间,别人下班回宿舍休息时,她依然在机器旁练习,感动了师傅。回来后,顺理成章地成为村中的纺织小能手,以致外地袜厂向她们村请求技术支持时,村支书第一个就想到了她。那一年,她18岁,那一次她赚到了100元工资。

1995年,施彩莲和丈夫叶昆福骑着一辆旧摩托车到了龙游。那时,在龙游县城北郊,有个龙游蓝整厂,该厂有个织造车间,有意对外招商发包,她丈夫得到这个消息,是由于该厂的一个业务经理在金华工商城分发的一张名片。来龙游之前,她跟丈夫一直在金华工商城卖布,就是这一则广告,吸引了她们的目光,也从此打开了她们在龙游创业的大门。承租龙游蓝整厂的织造车间，无疑可以实现产销一条龙，降低成本，保证货源与质量。她们到厂里看过后，回家商量了一下，决定租下织造车间的20多台织布机。从此，她跟丈夫就开始了金华和龙游两头跑的企业历程。

随着产销两旺，她跟丈夫干脆买下了整个车间的72台织机，龙游这边负责织造，然后拿到绍兴去完成印染，最后交给她在金华工商城批发零售。就这样，4年下来，虽然特别辛苦，但她们也算是在龙游这块土地上挖到了"第一桶金"。4年下来，她们对龙游的人文与环境特别有好感，对龙游的工人特别有好感，对当地政府和一些办事机构也特别有好感，这就是她们对龙游的"初恋"。

随着在龙游的基础越打越实，丈夫希望施彩莲与他一道去龙游发展。可是，这就意味着放弃金华工商城里，她们为之打拼了十几年的摊位；而要放弃摊位，也就意味着可能要改行。做得好好的，为什么要改行呢？谁让她爱上龙游了呢？她知道，在龙游做企业，优势不在纺织，而在造纸。以一位"憨商"特有的视野与智慧，在世纪之交的前夜，她丈夫看到了具有500多年历史的龙游造纸业，在深化改革开放的黎明，即将放射出来的那一缕缕夺目的曙光！

1999年，又是一个初春的早晨，叶昆福在当地有关领导的指引下，来到了龙游县石佛乡杜山坞村。他脚下是一块已关停企业的废墟，总面积才10余亩。对于一个即将兴建的造纸企业来说，显然是无法将"道场"做在这个"螺蛳壳"上的，于是叶昆福提出至少要再征地30多亩。当地乡镇领导慨然应诺。速度很快，到了第二天，她们就接到当地领导打来的电话，30多亩土地，40多户，一夜之间已经全部搞定。春寒料峭，这一夜，当地乡、村干部为之挨家挨户上门做工作，付出了几多辛苦？由此，她们进一步认定了：爱上这块土地，对了；投资这方热土，值了！政府如此支持，她们更不敢怠慢。金华的那一摊子，说扔掉就扔掉了。1999年2月份开始破土动工，到了同年9月份，厂房、设备、原料、执照、员工等等一切准备就绪，投产了！"金龙纸业"正式运营了，那天，丈夫悄悄地对她说，从此，她不再是"个体户"了，他们要做"企业家"！

二、从"苗床"到"大田"

"金龙纸业"上马，说起来还真不是时候。世纪之交，金融危机笼罩全球。作为一家以包装纸为主要产品的企业,其受到的冲击可想而知。何况,"金龙纸业"当时还只是个雏鹰,羽翼未丰,对抗风暴的能力还十分脆弱。接踵而来的还有生产用水、用电的严重不足问题,技改问题,以及环保问题,等等,哪一样都比资金问题更棘手!更何况,当时的"金龙纸业",哪来那么多钱?最难的时候,他们确实想到过放弃。造纸行业的水太深,也怪"金龙"生不逢时。难道真的是在一个错误的时间,错误的地点,选择了一项错误的事业?这时,又是当地政府,伸出了温暖的手,其中重要措施之一,就是根据企业发展之需,于2005年开始规划,2006年正式实施,将"金龙纸业"由石佛乡迁至湖镇镇。

"金龙纸业"从石佛迁址湖镇,就好比一床禾苗从秧田移栽到了大田。坐落湖镇镇沙田湖新区的这块"许配"给"金龙纸业"的"大田",既"肥沃"又"通风透气",阳光充足明媚。这块"大田"的总面积,达到500亩。它与国家级旅游景区"龙游石窟"仅一江之隔,距320国道、杭金衢、杭新景高速接口不足10千米。

"移栽"后,就要发新根、吐新芽。也就是在2006年,公司为了与下游链接,投入了第一条优质生活用纸的生产线;同年11月份,另1条纸板、纸箱生产线安装完毕,投入生产。公司光是新增设备投入就是5000多万。而此时,她的丈夫叶昆福的脚上依然穿着那双在义乌小商品市场花10多块钱就能买到的布鞋———一年四季,人们看到他似乎总是穿着这样的布鞋!

于是,"布鞋老板"的名声在龙游叫响。此时,龙游人已不再把这个"憨憨"的"布鞋老板"当作金华人,他已然成为龙游人,成为"新龙商"。

自2009年12月份开始,"金龙纸业"率先在行业内开发试制环保高强度白卡纸,经多次试制获得成功。这种纸张具有耐破、耐折、环压好、不易断纸、全幅定量差及厚度差小,在国内处于领先水平,可替代进口原纸。这对增强公司的核心竞争力具有重要意义。此外,公司在建设30万吨/年环保高强度白卡纸的同时,建设6万吨/年污泥衬板纸生产流水线两条,有效解决了造纸污泥的新出路,年利用废弃资源或节约原材料约10600吨,既环保又能节约原材资源,一举两得,实现了生态化和可持续发展。同时公司淘汰了3台10吨燃煤锅炉和45吨锅炉,降低成本,节能减排。

从那时起，公司通过不断改造和转型升级，逐步形成了 8 条造纸生产线。形成年生产能力 2 亿多平方米。其生产纸片的能力在金衢地区最强。纸箱加工质量有很高的知名度和美誉度。2013 年，"金龙纸业"的"冰欣"牌商标获浙江省著名商标，2014 年"金龙纸业"获浙江省知名商号。眼下的"金龙"，已拥有员工 1800 余人，专业技术人员 285 人，实验室 3 个。自 2015 年起，连续 3 年的主营业务收入、工业总产值均超 10 亿元，位于龙游县前列！

"金龙纸业"，连续荣获"浙江省清洁生产阶段性成果企业""龙游县诚信民营企业""龙游县十佳企业""龙游县特别贡献奖""龙游县技术投入二十强""衢州市劳动和谐关系企业""衢州市制造业三十强""衢州市纳税三十强"等荣誉称号。

三、继承衣钵 传承创新

"人生没有一帆风顺，犹如一张纸，要经过多道工序、千锤百炼而成。"2015 年，叶昆福因病离世，过早地撒手人寰。他实现了他的心愿与诺言——"'叶'落龙游"。许多龙游人挥泪为他送行，不为别的，就因为他是个顶天立地的男子汉，因为他白手起家创造了一个民营企业的诸多奇迹，因为他是个低调行事而又不乏幽默的"布鞋老板"，因为他是个出色的"新龙商"。丈夫去世后，所有的重担一下子都压在了施彩莲的身上，厂里还有 1000 多人看着她，她别无选择。合作伙伴的沟通、产品质量的把控、客户群体的维系……她甚至连悲伤的时间都没有，一个人扛下了所有。

有不会的就出去学。二话不说，她踏上了外出求学路，不受流言的影响，朝着自己既定目标，咬牙挺住；基础薄弱，她只有更刻苦更努力更付出。两年间，施彩莲为企业带来了新的思路、新的方法，助推金龙腾飞。时光悄然流逝，如今，公司通过技术创新，不断提升竞争力，焕发出勃勃生机。2020 年，金龙股份年产值达 18 亿元，员工 2000 余人。

（口述者施彩莲，省政协委员，浙江金龙再生资源科技股份有限公司董事长。）

第五节 行稳致远，从建筑工人到铝业大咖

一、抢抓机遇 赚取人生的第一桶金

1990年，改革开放的第13个年头，范瑞碧刚好高中毕业，跟着亲戚一起到建筑工地上，开启了人生的第一份工作。那时候整个湖镇是百废待兴，各地项目也挺多的，范瑞碧虽然每天起早贪黑，有点辛苦，但总的收入也还算不错。随着改革浪潮不断推进，市场的活力也日益增强，龙游的工业经济开始崭露头角，特别是天线产业迅速崛起，并逐步占据了国内外大部分的市场份额。1995年，浙江001集团有限公司、龙游电视天线配件厂等天线生产企业，纷纷落户龙游，随后浙江龙游新西帝有限公司、龙游县八木天线厂等企业，也雨后春笋般地发展起来。这也直接带动了上下游产业链的发展，当时，有很多龙游本地人开始搞一些家庭作坊，为这些企业做配件。其实当时范瑞碧在工地上做，工资还算不错的，一年的收入在二三万元左右，但或许内心总有一种闯一闯，拼一拼的渴望，1996年，他跟一朋友合伙，买了几台机器，从最简单的天线铝管开始做，其实就是把粗铝管，通过机器拉伸，变成细而薄的铝管，为龙游本地的天线企业供货。后来，朋友又将整个厂转让给了他，他便从建筑公司辞职，全身心地投入企业经营中去了。第一年，厂里6个伙计，再加上他和妻子，总共8个人，靠着自己勤劳的双手，实现了开门红，年底结账赚了7万元。7万元对于一个普通家庭来说，也算是一笔巨款了，那时候龙游县城的一套商品房5万元左右，就可以全款拿下，这也算是他人生的第一桶金了吧。

二、转型升级 搬入湖镇经济开发区

第一年的成功，也让他信心倍增。第二年，他又开始考虑扩大生产规模，购买了新设备，同时将工人增加到20人，并丰富了产品的种类。但整个经营规模不会一下子扩展得太快，范瑞碧做事情喜欢稳扎稳打，一步一个

脚印，脚踏实地地往前走。几年后，公司的产值就突破了500万元。然而，随着规模的不断扩大，一些问题也随之而来，首先，作为金属加工企业，噪音比较大，而且随着加工量的增加，对周边村民的影响不可避免。其次，进村道路狭窄，大货车进出受阻，对于原材料、成品的运输，都增加了不小的成本。最后，村里的变压器容量有限，企业用电量受到限制，而且，受制于厂房面积有限，工人住宿问题也难以解决。于是他开始考虑换地方。2007年年初，湖镇镇政府领导就找到了范瑞碧，想让他搬到工业园区里去，2000年成立的工业园区，经过七八年的建设，当时整个配套设施已经全部建成，无论是交通运输、水电气供应等方面，都相对比较完善。更让他动心的是，工业园还有三年内免税的优惠条件，而且确实公司也需要再扩大、再上新台阶。说干就干，在镇政府的协助下，范瑞碧顺利拍下了园区内的10亩土地，开始建造厂房，购买设备，2008年下半年，厂房终于建设完成，机器设备也全部安装调试完成。

三、迎难而上　企业发展步入快车道

正当范瑞碧准备大干一场时，一场波及全世界的金融危机席卷而来，让他措手不及，公司订单量下降50%以上，而且整个产业链生态也遭受严重打击，一部分企业的倒闭，带来的就是尾款难以结算，上下游的企业都会受到牵连，这也是他创业十多年来，从未遇到过的危机。更为要命的是，新建厂房，加上新设备采购，多年来攒下的800万元，已全部投进去了。面对困境，如何走出困局，说老实话，当时他心里是七上八下的，没有底。正当他焦头烂额时，镇政府和相关部门一起，主动到他这里了解情况，并表示，政府将全力以赴帮助企业渡过难关，要钱给钱，要人给人。有了政府这个坚强的后盾，让他这样的民营企业家们重拾了信心。随后，在龙游县电子信息产业协会的牵线搭桥下，订单渐渐地多起来了，企业车间里繁忙的生产又回来了，那段最难熬的日子总算是熬过去了。回首2008年，最要感谢的是政府危难之处显身手，最要感恩的是同行们同舟共济海让路。同时，可能也是他自己身上那种锲而不舍、迎难而上的龙商独有的精神，让他坚持了下来。也就是从那一年开始，他开始做企业的发展规划，俗称"五年计划"。第一个

"五年计划"，他的目标是公司产值年增长20%以上，那五年每年的目标都顺利完成，而且增速都超过了20%。接下来第二个"五年计划"也是按预期全部完成，公司的年产值超过了6000万元。

四、抗击疫情　聚力再出发

2019年，他的第三个"五年计划"开始实施，当时也是信心满满，目标是产值突破1亿元大关。或许，任何事情都不可能永远一帆风顺。2020年春节，新冠肺炎疫情开始肆虐，其实一开始，对于企业影响还不是很大，产值也是一直往上增长的，2021年也做到了9700万元。这时候，原先10亩地的厂房已经变得很拥挤了，而且很多设备经过十多年的运转、磨损，已经老化严重，更是跟不上产品更新换代的要求。为此，他也开始谋划机器设备的更新和厂房的扩建计划，正当一切顺利推进时，2022年上海疫情暴发，给全国经济都带来了不小的影响，公司的订单也出现了很大的波动。谈了一半的厂房收购暂时搁置了，看好的自动化压铸设备也暂停购买了。疫情何时能结束、经济何时能恢复、订单何时能回来，这些都是未知数。2022年，是他建厂以来，春节放假最早的一年，也是他考虑最多的一年，考虑万一形势还不见好转，公司这70多名员工怎么办？扩建的新厂房还要不要继续建？新产品的研发还要不要再投入？那时候，他作出的最糟糕的打算是能保住企业不倒闭。2023年的这个春节，是一个由危转机的过程，很多老顾客纷纷开始给他打电话要求订货，订单也是纷至沓来。截至2023年2月份，订单量突破了500吨，也打破了建厂以来同期最高纪录。春节假期后，随着工人们的全部返岗，车间也开启了24小时两班倒的工作模式，大家一起加班加点全力以赴赶订单。这或许就是不经历风雨，怎么见彩虹？这样的市场行情，也给了他完成转型升级的信心和底气，在镇政府的帮助下，隔壁"腾笼换鸟"腾出来的空闲厂房，已经被他成功收购，扩建的新厂房预计年底就可以投入使用，新老厂房加起来的面积有27000平方米，新设备的订购也在紧锣密鼓地洽谈中，1600万元的新设备预计年中就可以到位。2023年公司的产值预计可以突破1.2亿元，将创公司成立以来的新高。这也为他的第三个"五年计划"画上一个圆满的句号。

五、回馈社会　助力乡村振兴

2017年，范瑞碧被选为了湖镇镇茆头村党支部书记，他身上的责任更重了，心里的想法就是要对得起村民和党员们的信任和支持。作为土生土长的茆头村人，他也想着为村庄的发展出一把力。这两年，他一边把村里的闲散劳动力，安排到企业里上班；另一边他也开始为村里谋划一批项目，除了向上争取资金外，他还利用自己的人脉关系和产业基础，发展村集体产业，把村集体经济搞上去，让村民在家门就能赚到钱。一个党支部就是一个堡垒，作为村党支部书记，更重要的事情，就是把村里的党员群众凝聚起来，发挥党员先锋模范作用，上下一条心、拧成一股绳，带领村民一起奔向共富路。

六、信心满满　下一个五年产值突破2亿元

27年的创业历史，有激情满怀的时刻、有勇往直前的信心、更有沉着应战的气势。从几万到几十万，再到几百万、一千万、五千万，到如今的一亿元，一步一个脚印，一步一个台阶，离不开同行们的提携，离不开自身的拼搏，更离不开政府的支持。左手的两个手指头被机器压断，他没有退缩，两枚残缺的手指，是范瑞碧一路走来永不放弃的见证，也是龙商自立自强、开拓进取的见证。新一个"五年计划"从2024年开始，齐飞铝业也进入了新一轮的高质量发展周期，这次"五年计划"的产值目标是突破2亿元，在他的带领下，这个目标一定能完成。

（口述者范瑞碧，浙江省衢州市龙游县湖镇镇茆头村人，现任浙江齐飞铝业有限公司总经理，龙游县湖镇镇茆头村党支部书记。）

第六节　做精做强细分领域，实现企业稳健发展

一、一流营商环境　助力企业发展

2007年，鉴于企业的发展需求，道明光学股份有限公司决定在湖镇设

立全资子公司——道明新材料。其实当初之所以会落户湖镇，主要原因有以下几个方面。一是这里的地理位置比较好，离集团总部所在的金华永康很近，来回也相对方便，而且这里有火车、汽车和水运，交通运输方面也很便利。二是湖镇镇政府热情周到的服务，从签订意向书到开工建设，各部门都是跑前跑后的服务，让道明新材料能够在短时间内投产，这样好的营商环境，湖镇镇一直在延续着。2020年，突如其来的新冠疫情，给道明新材料的正常生产经营造成了很大的影响，当时道明新材料的订单还是充足的，但因疫情管控的要求，很多车辆进出、人员往来都受到影响。为此，镇里成立了服务专班，专门对接胡敏超这边，只要有什么问题，他这边一个电话过去，镇里就会第一时间赶到现场解决，这样的营商环境，确实很赞，这样他们就可以一心一意专攻主业了。真正做到墙内的事情企业办，墙外的事情政府办。

二、做好管理　提升品质　抢占份额

胡敏超做企业的理念是：一个企业的核心竞争力不在于大，而在于精。要在一个领域上做精、做强，让别人永远追不上。所以一直以来，他都致力于对产品质量的提升，要做百年企业，必须坚持品质为先。所以前几年，他们开展了ISO9000质量体系认证和TS16949（汽车管理体系认证）。从各部门主管到企业员工，心里全部都有产品质量的概念，对产品生产环境、产品的质量有了充分的认知，胡敏超一直跟公司里的员工强调"要提高产品质量，关键还是要靠人"。因此在员工培养上，公司非常严格，制定了新员工淘汰机制，刚入职的员工要进行培训和一个月的试用期，最终只有50％的人可以留下，对于业绩优良的老员工，他们进行了配套激励，通过完整的管理体系，从源头上把控产品的质量。有了质量，才有源源不断的客户群体。这几年，道明新材料的客户逐年增多，市场需求信息反馈也多，所以他们也是根据客户的需求，研发生产了很多个性化的产品，种类达到了100多种。但胡敏超也越做越做不"明白"，总感觉离最完美的产品好像永远都差那么一点；但他也在"不明白"中明白了，产品不是做得越多越好，而是越精越好。这两年，道明新材料更重视产品的质量，胡敏超基本上是花一半时间跑市场，一半时间抓主打产品迭代升级。目前公司产品品种压缩到了六七十种，未来也会越来越少，眼下公司主打的姜黄双硅格拉辛纸已占全国市场份额的70%左右。

三、子承父业　传承发扬艰苦奋斗精神

2005年大学毕业后，胡敏超就一直在自家工厂一线"摸爬滚打"，最早是在生产车间待了两年，学习生产技术，后来又做采购和销售，几年间，所有的岗位都锻炼了一遍。2018年他正式到龙游接手道明新材料，父亲给胡敏超最基本的要求就是踏踏实实干事，不断提升企业利润率。作为大家眼中的"企二代"或者"创二代"，"光环"之下是不断开创企业发展新局面的责任。5年时间里，他心无旁骛地跑市场，提产能，抓质量，企业销售额从5000万元提升到了1.2亿元。

（口述者胡敏超，浙江道明新材料有限公司总经理。）

第七节　传承龙商精神，让龙商走向全国走向世界

一、龙游县湖镇镇：三江交汇点　商贸发达区

自古以来，龙游县湖镇因多湖而得名，因古埠而闻名，历史上曾有"十八埠头"之称。湖镇地理位置优越，松阳江、灵山江、衢江三江在此汇合，奔腾不息的江水，流经此地时一不留神画了个弧，无心之笔却孕育了一片富庶美丽之地。自古以来，这里贸易经济发达，全国各地的客商相聚于此。在饶峰的印象里，这十八个埠头，每个埠头都可以为往来客商提供一个交易的平台，所以从古至今，湖镇都是一个经济重镇。相传湖镇是龙游商帮的起源地，通济古街就是最好的证明，这也说明了湖镇人的这种会做生意、善做生意的基因，一直流淌在血液里，这些也可以从20世纪80年代的香烟市场，20世纪90年代的报废汽车拆解市场里得到印证。20世纪80年代，改革开

放的浪潮汹涌,市场经济逐渐兴起,全国各地兴起了下海经商潮,春风拂过,湖镇人骨子里的经商细胞也被激发起来,就这样,全国闻名的香烟市场孕育而生。当时湖镇集聚了全国各地做香烟生意的客商,非常红火。后来,随着国家政策的调整,20世纪90年代,湖镇人又将目标锁定在了报废汽车拆解业,当时在国内汽车还不是很普及,湖镇这么一个小镇,老百姓能够自发形成在江浙一带都有名的市场,确确实实反映出了湖镇人的经商头脑,捕捉市场的能力也是非常强。

二、市场掘得第一桶金额　为工业发展奠定基础

2000年,湖镇工业园区落成,其实也是市场转型的必然,因为湖镇当时大大小小的本地企业也有不少,有棉纺、造纸、紧固件、油漆等产业,这些企业主大部分是从香烟市场、汽车拆解市场里赚取到"人生第一桶金"后,开始做实体的,改革开放经过十几年的发展后,老百姓的生活水平慢慢提升,对于物资的需求大增,这时候就需要更多的企业工厂能够生产产品,湖镇人嗅到了其中的商机,开始纷纷从商贸转到实体经济中来。像森龙纺织、固特气动等,都是20世纪90年代成长起来的典型代表。所以在饶峰看来,龙游商帮从古至今,都是一代一代接力,一脉一脉相传。龙游商帮是中国明清十大商帮之一,也是唯一以县域命名的商帮。龙游商帮萌芽于南宋,明清时期盛极一时,民谚"遍地龙游"已与"无徽不成镇"齐名,意思就是说龙游人足迹遍及天下,也指龙游商人经营范围无处不入、无处不在,涉猎极广,这也反映出龙游商帮当时的繁荣兴盛。如今,在龙游县湖镇已有200多家大大小小的工业企业,产业涉及造纸、棉纺、新材料等方面,年产值接近了50亿元,湖镇的龙商,用他们敢试、敢闯、敢拼的勇气,在竞争激烈市场里劈波斩浪。

三、为龙商交流搭平台　促经济再上新台阶

这几年,龙游工业经济实现了跨越式、高质量发展,湖镇作为龙游工业重镇,起到了举足轻重的作用。饶峰也经常跟这些龙商交流企业在生产经营过程中遇到的困惑,发现龙商之间还是缺少沟通的平台,所以这几年来,他

这里也会经常组织一些茶话会、恳谈会、半月谈等活动，把这些企业家聚在一起，大家随便聊、敞开聊，很多问题聊着聊着就找到了解决的办法，而且现在企业家都很忙，平时逐个走访也没有那么多的时间，大家相约一起到他这里，就可以大大节约时间。现在，湖镇有部分企业已经开始了新老接替了，一个企业的传承，无论是从中国传统的"子承父业"观念来讲，还是从企业自身转型升级过程来讲，家族传承依然是比较现实的发展趋势。因为血缘是最好的契约。企业传承不是简单的财富"交接"，更是企业价值观和经营理念的传承，进而使企业能够紧跟时代脚步，不断增强竞争力，保持长盛不衰。而这一切，有赖于"创一代"和"企二代"共同的长期努力。饶峰作为龙游商帮研究院理事长，一直在关注新老交替，从龙商精神传承的角度，去做一些探究，一些尝试，让这样的交接更顺畅、更完美。湖镇地处金华、衢州交界，开放包容的胸怀，是湖镇一直走在发展前列的重要原因，这些年来，生活在湖镇的外地人是越来越多了，饶峰也一直搞一些联谊活动，邀请外地人和本地人一起，一方面加强感情联络，另一方面也让这些外地人更好地了解湖镇，爱上湖镇，为湖镇新一轮的发展助力。

四、坚定文化自信　为发展注入能量

文化是湖镇的灵魂和魅力之源。穿越千年历史风雨的姑蔑文化、农耕文化和龙商文化在这里交融升华。酿成了古镇独特的风土人物和丰厚灿烂的文化遗存。文化底蕴的厚重深邃和文化内涵的博大精深，蕴藏于旧坊民居，寺庙楼塔、寻常街巷等丰富的物化形态之中。更形象而鲜活地表达于戏曲、庙会、舞蹈等门类齐全的艺术形态。据饶峰了解，湖镇目前拥有民间舞蹈队伍20 余支，稻草龙、断头龙、滚花龙、龙腾虎跃。狮子、貔貅、麒麟，各显神威。小脚灯、走马灯、栩栩如生。"兽齐于天"是古镇民间舞蹈内在主题的精华。20 世纪 50 年代，该镇的"滚花龙"曾赴北京参加全国民族民间歌舞表演，受到周恩来、刘少奇等国家领导人的接见。"龙头戏珠""高山流水""龙打云头"等 10 多个套路，已经成为"非遗"中的瑰宝。在饶峰看来，湖镇的文化是雅致的。每当饶峰看过他们的表演，简约的装饰，撼人的成就，强烈的人格力量，都让他以一种敬仰的心态去接受一次次神圣的文化

洗礼。读古镇的风情之韵，胜似品味一坛陈年老酒，浓郁的民俗风情，浓烈的生活情趣，深厚的乡土气息，让他的心在沉醉中飞翔。大量民众从外地迁移而来，聚村而居，尤以福建、江西和浙南为多，他们也把外地的文化带到了湖镇，和本地文化融合在一起。欣赏他们的节目，饶峰就读到了湖镇人对传统的继承，对文化的吞吐，对生活的热爱和对未来的憧憬。只有懂得自然，人生和艺术的结合和追求是生命的最高境界的人创造的艺术作品，才会深含道德和人性之美。工业发达，市场繁荣，人们安居乐业，激情飞扬。湖镇古镇宜居，宜游，宜创业，是浙西的商贸重镇。

（口述者饶峰，龙商行—龙游商帮新媒体主编、龙游龙商行文化投资管理有限公司总经理、龙游商帮研究院理事长。）

第八节　时代综述

一、沙田湖经济开发区成立的时代背景

在龙游县及湖镇镇的经济跨越式发展和农业农村现代化的迅猛推进的过程中，工业化作为决胜之举。湖镇虽有一定的工业经济发展，但仍属于欠发达地区。因此，迫切需要建立有效的载体和发展平台，以加速工业经济的发展。近年来，湖镇工业园区建设取得了一定成效，但征地难、开发成本高等问题，制约了园区未来的发展。因此，着眼于寻求和开辟湖镇工业经济发展的新平台，建设龙游沙田湖经济开发区成为推进湖镇工业化进程的必然选择。

在推动欠发达地区跨越式发展方面，采取"借力发展"的有效手段，结合省委、省政府提出的"山海协作"战略，龙游沙田湖经济开发区以市场化运作的方式出现这一战略背景中。该开发区由开发商全额投资基础设施建设、自主招商和独立经营，成功突破了政府办园区融资难等深层次投入机制问题，实现了政企分开和借助外力发展的真正意义上的分离。这种市场经济

条件下的发展模式符合当前推动区域经济发展的内在需求，为湖镇提供了可持续、有效的发展路径。

在项目建设的可行性分析中，首先，沙田湖经济开发区的自然条件得天独厚，地理位置良好，海拔适中，地表层为砂石，有利于中高层建筑，同时不会受到水文影响。其次，以非耕地为主的项目选址有助于节约和保护耕地，从而降低开发成本。项目定位于五金工业，切准湖镇现有五金行业发展和永康五金工业行业扩张的实际需求，使其成为湖镇接受东部发达地区产业梯度转移的有效结合点。

从社会条件来看，沙田湖经济开发区的选址有助于进一步扩大湖镇框架，增强集镇集聚功能，实现工业化与城市化协调发展。湖镇镇党委、镇政府明确了"工业强镇"的思路，湖镇被列为强镇试点单位，展现了建设好开发区的信心和调控能力。同时，开发区由玮圣公司以市场化运作，充分发挥了其在资金和技术实力上的雄厚优势，以及已有的成功园区开发经验。玮圣公司董事长、总经理是湖镇本地人，深厚的家乡情感和良好的人缘关系，为开发区的招商开发提供了有力支持。

综合而言，沙田湖经济开发区建设的时代背景是在当前经济发展的新常态下，湖镇工业化进程急需新的推动力。在"借力发展"和"山海协作"的战略引导下，沙田湖经济开发区的市场化运作模式为湖镇工业化提供了新的路径和机遇，是时代的选择，也是湖镇经济跨越式发展的内在要求。

二、沙田湖经济开发区成立的现实意义

1. 湖镇工业的发展一直受到资金实力不强、融资困难等问题的束缚，这些问题直接制约了湖镇基础设施建设前期投入和对工业发展的贴补。在这当中，工业园区所面临的供水工程容量限制更是限制了湖镇工业的发展潜力。事实上，现有工业园区的3万吨供水工程虽然是一项重要的基础设施建设，但其容量已经接近饱和，使得湖镇在工业发展中难以有更大的空间和发展动力。特别是在目前湖镇的产业定位中，仅仅适宜发展造纸行业，而其他行业在这个局限下已经没有足够的发展空间。

在这种情况下，湖镇龙游沙田湖经济开发区的签订成为打破这一瓶颈的

关键一步。这个项目的启动为湖镇提供了发展迫切需要的资金支持,为基础设施的提升和前期投入提供了坚实的保障。这将有力推动湖镇工业的多元化发展,摆脱仅限于造纸行业的窘境,使湖镇的工业体系更加完善和多元。

龙游沙田湖经济开发区的签订,不仅为湖镇注入了新的发展动力,更是为其未来的工业规划和布局提供了广阔的空间。资金的注入将使湖镇能够更好地规划新的工业园区,拓宽产业链,吸引更多不同领域的企业入驻。这不仅有助于解决工业经济发展的瓶颈问题,更为湖镇工业的跨越式发展奠定了坚实的基础。

此外,这一项目的成功推进将有望带动更多的投资和企业进驻湖镇,形成良性的产业循环。项目的签订不仅是对湖镇工业的有力支持,更是对整个区域经济的积极贡献。通过项目的实施,湖镇有望吸引更多的人才、技术和资本,形成产业升级的新动能,为湖镇的经济注入强劲的活力。

综上所述,湖镇龙游沙田湖经济开发区的签订是一项全面推动湖镇工业发展的战略举措。这一项目通过解决资金瓶颈、拓宽产业空间、推动多元化发展,将为湖镇工业的未来带来新的希望。它不仅是湖镇工业发展历程中的一座里程碑,更为湖镇实现强镇梦想奠定了坚实的基础。

2.龙游沙田湖经济开发区的选址不仅仅是一项经济项目,更是对湖镇城市化和工业化互动推进的重要战略举措。其选址在集镇附近,并与集镇总体规划相衔接,为湖镇的城市和工业双轨发展提供了有力支持。这一决策的实施将对湖镇的发展产生深远的影响,加速湖镇步入强镇行列的进程。

首先,龙游沙田湖经济开发区的选址在集镇附近,为集镇的框架扩建提供了独特的机遇。随着这一经济区域的建设,集镇的面积将迅速扩大,可能在 6—8 年内实现现有面积的翻倍。这不仅为湖镇的城市化进程提供了更多的用地资源,也为工业发展提供了更广阔的发展空间。这样的框架扩建将使得湖镇不再受制于有限的用地资源,为城市和工业的双向发展奠定了基础。

其次,龙游沙田湖经济开发区的建设将有力支持集镇的工业化进程。有工业的支撑不仅意味着更多的就业机会和经济活力,还将带动更多的企业入驻,形成产业集聚效应。这种互动将促使湖镇实现工业化和城市化的良性循环,工业化推动城市化,城市化为工业提供更多支持。这一协同发展的模式有望推动湖镇走向更高水平的经济发展。

再次，经营集镇的路子也将推动湖镇的工业化进程。集镇作为湖镇城市化的主体，其管理和运营将更加专业和高效。通过科学合理的城市规划和管理，集镇可以更好地引导和推动龙游沙田湖经济开发区的发展。这种经营路子不仅有助于提高开发区的整体效益，还能够更好地满足居民的需求，提高城市化水平。

最后，这一整合城市化和工业化的战略举措将有助于湖镇真正实现经济强镇的目标。通过将龙游沙田湖经济开发区作为城市和工业发展的引擎，湖镇有望在短时间内实现城市面积和经济规模的双重扩大。这将进一步提升湖镇在区域内的经济地位，加速其步入强镇行列，为湖镇居民创造更好的生活条件和更广阔的发展机会。

综上所述，龙游沙田湖经济开发区选址在集镇附近的决策将在湖镇城市化和工业化互动推进的过程中发挥关键作用。这一决策不仅有利于集镇框架的扩建，更为湖镇城市和工业的互动发展提供了有力支持，为湖镇实现经济强镇目标奠定了坚实基础。

3. 龙游沙田湖经济开发区的发展不仅是湖镇工业化和城市化进程中的重大机遇，更是实现"借力发展"、加速招商引资的关键一环。该开发区的投资商来自永康，具备独特的区域优势和产业背景，为湖镇吸引更多招商引资提供了得天独厚的条件。

首先，投资商来自永康五金行业，这是一个有着向外扩张良好势头的产业。五金行业一直以来都是中国制造业的支柱之一，而永康在五金产业上拥有雄厚的实力和丰富的经验。投资商的选择不仅在于其个体实力，更源于永康五金行业在国内外市场上的声望和竞争优势。这将成为吸引其他五金企业前来投资的重要因素，推动湖镇五金产业的快速发展。

其次，投资商凭借其人缘和地缘的关系，能够更加灵活地实施招商引资策略。明确的产业定位使得湖镇在招商过程中能够更有针对性地吸引相关领域的企业。而开发区与湖镇的交通便利，离永康相对较近，使其成为理想的投资场所。这种地缘关系不仅为投资者提供了方便，也为湖镇创造了更广泛的招商机会，使湖镇能够借助这一区位优势吸引更多有实力、有潜力的企业。

再次，作为一个民营企业，投资商在体制上具备灵活性和高效性，这将为招商引资提供更多的机会。民营企业通常能够更加迅速地作出决策，并采用更为灵活多样的招商手段。在经济开发区的规划和运营中，投资商将会以效益为导向，更加积极主动地参与招商引资的活动，通过多种办法吸引企业来投资。

最后，龙游沙田湖经济开发区将在招商引资的过程中真正实现"借力发展"。借助永康五金行业的实力，依托人缘和地缘的优势，结合明确的产业定位和民营企业的灵活性，湖镇有望吸引更多投资者，推动区域经济的快速增长。这种"借力发展"的战略将加速湖镇招商引资的步伐，为湖镇经济的全面发展创造更为有利的条件。

4. 龙游沙田湖经济开发区的建设对于湖镇的发展具有深远的意义，其中一个重要方面在于能够在市场条件下真正转变政府职能，减轻政府的财政投入压力。这一点不仅对湖镇的财政有益，更有助于提高政府的工作效率和服务水平。

首先，经济开发区由民营企业投资，为政府腾出了更多的人力和物力资源，使其能够更专注地从事政府自身应该承担的职能。政府在规划、控制和协调服务等方面发挥更为明显的作用，通过与开发区的合作，将资源用于更为关键的领域，如基础设施建设、公共服务和环境管理等，从而提升整个区域的综合素质。

其次，从经济账的角度看，相较于传统的工业开发区，由民营企业投资经济开发区可以减轻政府的投入压力。以之前湖镇工业开发区的投入成本为例，包括征地费、折抵指标、办证费、公建费等多项开支，成本高达8.3万元/亩。为了吸引投资者，出让地价必须低于3万元/亩，导致每亩需补贴5.3万元，回收期长达6.5年，对于镇财政而言实在难以负担。而通过开发沙田湖，镇政府每亩补贴5.7万元，总额达1.425亿元；然而，由开发商投资的成本较低，政府实际投入成本约为4200万元。这种模式下，政府的投资更为灵活，也更加符合市场的实际情况，可使政府资源得到更加合理的配置。

此外，由开发商投资的经济开发区可以更好地利用市场机制，吸引更多的资金流入。开发商可以通过自身的运作和市场化手段，更有效地推动开发区的建设和运营；而政府则可以通过与开发商的合作，实现更好的风险共担和效益共享，从而真正实现公私合作、优势互补。

总体而言，由民营企业投资经济开发区的模式有利于政府真正转变其职能，实现更为精细化和专业化的管理，同时减轻了政府的财政压力。这一模式既体现了市场化的理念，也为湖镇提供了更为可行和可持续的发展路径。

第四章　华丽转型：守正创新激活力奋勇担当谋发展

春潮澎湃，万物生长，放眼湖镇，日新月异的工业园区，转型蝶变的传统产业，加速崛起的新兴产业，宜居、宜业、宜游的发展环境，处处涌动着蓬勃的朝气、发展的活力。湖镇镇积极探索产业转型升级新路径，把推动传统产业"老树开新花"、新兴产业培育壮大作为加快推动高质量发展的主攻方向奋楫笃行，大力推进科技创新、产业升级、动能转换，在巩固发展特种纸、纺织产业的基础上，着力壮大新能源新材料产业，构建了多点支撑、多业并举、多元发展的产业发展新格局。金龙纸业、金利包装、家家发纸业等一批特种纸延链、补链、强链企业乘风而来，加快形成了具有湖镇辨识度的特种纸产业。道明新材料、永鑫晶体材料、腾辉科技也踏浪而至，专精特新、高附加值、核心竞争力是这些企业的标签，新材料产业更是成为湖镇工业的新标签。

第一节　多措并举推动二手车市场规范发展

一、二手车市场自发兴起　规范化经营有待提升

湖镇的区位优势，让这里的商贸经济蓬勃发展。2000年前后，改革开放的持续推进，社会经济的快速发展，老百姓的生活条件也越来越好，买一辆车方便出行，成为普通家庭的可能。车子越来越多，二手车也就越来越

多，湖镇人对于市场捕捉的敏锐性是非常好的，从一户到两户再到一伙，很快，湖镇人就自发形成了在周边都具有一定影响力的二手车市场。房前屋后摆上几辆二手车，家门口就可以谈生意了。没过多久，湖镇人那种做生意的激情又被激发了出来，整个二手车市场越做越大，成为金华、衢州两地有名的二手车交易中心。但随着市场知名度越来越大，一些问题也开始逐渐显露，特别是涉及安全方面的问题，很快引起了相关部门的关注。当时在湖镇拼接组装的二手车销量逐渐多了起来，有一部分人把报废的汽车进行拆解，然后再进行组装，当作二手车进行售卖，虽然价格相对较低，但这种车存在很大的安全隐患，一旦发生事故，极易造成重大损失。这种现象很快就引起了中华人民共和国商务部等部门的重视，并要求他们当地政府要负起属地管理职责，规范市场经营。

二、痛定思痛　规范经营

2008年11月，陈建军到湖镇任副镇长后，镇里给他的首要任务就是二手车市场的整顿提升。二手车市场涉及部门很多，有商务、经信、市场监管等，如何规范，必须听取他们的意见建议，所以那段时间他经常各个部门之间跑，听取各方的意见建议，并拟定整改方案，等到各部门意见统一后，再找到各个经营户，听取他们的想法，并融入方案中，最后经过多方讨论，最终的方案就是市场由政府来建，统一运营、统一管理，这样就可以更好地监管，更好地发展。但再好的方案也不可能让每一个人满意，这一过程中也有一些经营户不理解，但市场的整顿提升是必然的趋势，而且刻不容缓，所以陈建军跟其他部门的相关负责人，那段时间都是一家一家去做工作，白天没人晚上去，老公不在找老婆，什么方法管用就用什么方法。就这样，二手车市场建好后，经营户们陆陆续续搬了进来，开始了阳光下经营，规范化经营。

三、引入运营主体　让市场健康发展

二手车市场建好后，商户引进来了，更为重要的是如何把生意做红火来，但其实政府部门是没有这方面的经验的，也没有精力来做这个工作，所以引入运营主体就迫在眉睫了。后来，陈建军通过一位朋友的介绍对接上了省供销社，他们下属公司浙江天瑞再生资源开发有限公司，有成熟的团队专业运营各类市场，就这样，经过一系列的洽谈，双方很快就签订了合作协议。近几年，市场引进了专业人才，加强了市场现代管理，逐渐完善了市场配套服务，如"一站式"购车服务，金融配套服务，以及汽车后市场的企业、商户的引进，使二手车市场交易数量大幅增长。为了结合形势的发展，尤其是进入互联网时代，市场还建立了O2O售后服务中心，并通过网络扩大宣传推广二手车市场，让生产企业、经销商、市场商户在同一平台服务好消费者。目前，市场正迎来再次定位，专用车、工程机械将是市场未来的发展目标。眼下，浙江天瑞再生资源开发有限公司的新项目正在紧张地运营之中，总投资2.2亿元的项目包括以再生钢、铜、铝、不锈钢等再生金属回收、分拣、加工、交易为主，集二手车交易、报废汽车圈区化管理、汽车零部件再制造等为一体的综合性再生资源集散市场。项目建成后，年再生资源回收处理量将达到30万吨以上，年二手车交易10000辆以上，再生金属、二手车及汽车配件年交易额将达20亿元以上，能带动当地就业3000人左右。

四、建好市场为人民

二手车市场良好健康地发展，最终获利的还是周边的百姓。首先可以带动就业，市场兴旺起来，各种各样的用工需求也就随之而来了，比如小工、搬运工、驾驶员等，这些工种的需求量都是比较大的。其次，市场边上的各种饭店、超市也逐渐多了起来，很多农户摆个摊、开个店，一年的收入也相当可观。一个由村民自发兴起的市场，历经挫折后，终于在政府的引导下，走向规范、走向壮大，作为亲历者，陈建军深感这背后的不易，也为能成为市场规范的见证者，而感到自豪。

［口述者陈建军，龙游县湖镇镇副镇长（工业）。］

第二节　腾出发展空间，促进转型发展

一、后金融危机时代　园区发展处于转型期

2008年全球金融危机后，在全世界面临严重的金融危机和经济衰退。2011年7月，余永华从龙游县东华街道调到湖镇工作，虽然还是分管工业，但情况却截然不同。东华街道所在区域属龙游城南经济开发区，开发区属于县里管，他的主要职责就是服务好企业，为企业解决日常生产经营中遇到问题就可以了，大部分的职责在县里。而到了湖镇，情况就完全不同了，湖镇工业园区属于镇里直管，所有的事情都是镇里直接负责，涉及面更广了，任务也更重了，他作为分管工业的副镇长，包括服务企业、招商引资、园区建设等，都需要他这里统筹。而且湖镇工业无论是总量、基础等方面，都要比东华街道大很多、强很多。

余永华到湖镇后，"调结构"成为园区发展的主基调，加快淘汰落后产能、严格控制过剩产能、扶持战略性新兴产业等一系列结构调整政策先后出台，推进新型工业化进程进入攻坚阶段，新旧矛盾的交织，加大了工业结构调整的复杂性和困难性。这时，湖镇的部分企业也处于转型的阵痛期，行业产能过剩，销售价格过低，造成这些企业必须减产甚至停产，部分企业的厂房处于闲置状态。同时，一部分企业一开始拿地较多，但实际使用面积却较少，造成了部分土地空置。当时镇里给他的主要任务就是摸清底数，把该腾退的腾退出来，该收回的收回来，为新企业落地、新产业发展留足空间。

二、耐心细致做工作　企业腾退有序推进

腾退工作，最难最苦的就是做思想工作。如何把政策宣传到位，如何及时掌握企业负责人的思想动态，如何协调好租客的矛盾……最有效的办法还是"磨破腿、说破嘴"。由于园区内很多企业老板是永康、东阳等地的，大部分时间都在外地跑，在湖镇的时间不多，想找他们也比较难，而且每家企

业情况不同，面对的问题不同，提出的利益诉求也不同，但余永华始终坚定地认为必须坚持"合理合法、公平公正"这一底线。一些企业对征收预期较高，提出的诉求大大超过了征收政策，他只能反复宣讲政策，只有坚守了这一底线，才能推动腾退工作更顺利进行。与此同时，腾退工作需要凝聚各部门的力量，及时协调解决工作中的矛盾点，为企业腾退顺利推进打下基础。早期企业拿地价格较低，有的只有4万元一亩，但到了2012年左右，每亩的价格已经涨到18万元左右，这中间的差价还是蛮大的。有一家企业拿了近100亩的土地，但拿过去后实际使用的面积只有50来亩，还有一半的土地一直空置着，而且企业经营的也不是很好，一直处于亏损的边缘，短期内也不太可能再次投入扩大生产规模。为此，余永华也和镇里班子成员一起，找企业主做工作，就是希望他能够将闲置的土地，重新转卖给政府，或者直接转让给新来的企业。但企业的老板，总想着利益最大化，想以目前的市场价格来进行转让，甚至超出市场价格来转让。这对于镇政府来讲，腾退的压力陡增，为此，他们一方面做企业主的思想工作，另一方面根据当初企业拿土地的合同，反复研究，其中有条款规定企业在一定时间内，如果土地闲置，政府有权利收回重新利用。所以根据合同，他们也是可以进行收回的。最终在大家的努力下，企业主也答应以原来拿地的价格让他们回购。那一年，湖镇总共回收了近200亩的闲置土地，这也为接下来的转型发展，腾出了一定的发展空间。

三、做好加减乘除法　构筑园区发展新优势

巧做加法，推动园区企业做大做强。针对金龙纸业等发展势头良好的企业，在政策方面加强保障，积极打造上下游产业链，大力开展招商引资。善做减法，盘活园区低效用地，压缩落后产能。让企业出租闲置厂房。对于因自身停产但不愿意处置资产的企业，引进新项目入驻并引导企业将厂房出租给新入驻企业。鼓励企业股权融合，在尊重企业意愿、遵循市场经济规则的基础上，指导企业通过兼并重组、资产收购、股权融合等多种方式，促进低效用地开发利用。协助企业转型升级，针对因产品落后造成停产，但仍具有一定实力的企业，积极指引企业淘汰落后产能，调整产品结构。妙做乘法，

充分发挥组织优势保障项目落地见效，湖镇党委班子构建"横向到边、纵向到底、责任到人"的企业服务管理体系，注重强化项目落地及企业服务工作。一是机构改革，成立企业服务管理股。企业服务管理股负责园区内企业的管理、人力资源开发和服务等工作，同时协助落户项目办理行政审批等有关工作。二是成立招商引资工作项目服务专班。为企业提供"店小二"式的点单服务及"一站式服务"，扫清企业入园障碍。三是实施网格化管理。将园区企业划分为若干个网格，安排挂片领导及责任人联系企业，为企业提供科学化、规范化、精细化服务。精做除法，精准施策筑牢园区高质量发展安全防线，一是助企纾困稳住园区经济。落实好稳经济一揽子政策，帮助企业渡过经营困境。二是层层压实安全生产责任。贯彻落实安全生产责任制，与园区企业签订安全生产承诺书，多次召开会议，部署园区安全生产工作，并积极配合相关职能部门对园区重点企业及市、县重点在建项目进行安全生产、消防、环保检查。通过一系列扎实举措，助力湖镇经济转型发展。

［口述者余永华，2011年7月—2015年4月，湖镇镇副镇长（工业）。］

第三节 构筑招商强磁场，挺起发展硬脊梁

一、深耕产业链条 聚力精准招商

凝心聚力促招商，一心一意谋发展，今天的项目就是明天的产出，今天的投入就是明天的动能。袁荣新到湖镇后，湖镇面临着新一轮的发展机遇，落后产能淘汰、低效用地腾退等工作都已经基本完成，工业经济发展迎来新机遇，顺应新形势，他的主要任务就是全力做好招商引资工作和服务好企业等各项工作。同时，借"亩产论英雄"改革的东风，通过制定"一企一策"的方案，倒逼企业扩大产能，增加销售。到了湖镇，袁荣新首先是了解当地工业发展的基本情况，掌握相关情况后，再明确重点招商方向，聚焦优势产业和新兴战略性产业，着力引进一批龙头企业、补链企业和优质项目，做好

优质签约项目策划、储备、跟踪、洽谈，努力打造产业链条完备的产业集群，加快构建特色现代化产业体系，形成"滚雪球"式的产业集群效应，招商引资创新高。2017年，通过全镇上下的共同努力，新引进并落地大好高工业项目6个，分别是：投资37.93亿元的金励环保包装纸项目、投资5亿元的双熊猫特种纸项目、投资1.03亿元的汇兴五金项目、投资1.05亿元的航鑫工贸项目、投资1.06亿元的钢管项目、投资0.68亿元的家居项目。此外，2家上市公司开展股权并购，浙商回归实际到位资金1.05亿元。同时，根据镇里的决定部署和安排，招引项目同时，镇里也继续加快处置僵尸企业，扎实推进"腾笼换鸟"，优化工业发展环境，推动工业企业转型升级。他记得2017年全年共实施500万元以上技改项目27个，完成工业有效投资8.4亿元，同比增长20%。盘活汇兴五金、航鑫工贸、名龙纺织、乾兴机械、大明纸业、雅艺工贸等6家闲置资产，成功收回一宗面积为10亩的闲置工业用地，并没收土地闲置费40万元，力促全镇工业由"救死扶伤"阶段转入良性高质量发展阶段。2018年，投资20亿元的白鸽湖商埠文化园项目完成签约。2019年湖镇招商总投资达15亿元，2020年，投资15亿元的建州小微园开工建设。近年来，湖镇镇围绕产业链精准招商，以重大项目建设带动大发展，强固产业链条，激发"链"式效应，迸发出强劲发展活力。

二、深化亩均论英雄

龙游县早在2012年就提出了"亩均论英雄"改革。当时电力资源紧张，龙游围绕限电探索制订一套综合经济效益评价体系，同时强化结果应用。经过几年运行，龙游县区域经济运行质量得到有效提升，规模以上企业亩均税收从2012年的3.31万元/亩增加到2016年的5.93万元/亩。探索还在继续，2016年底，袁荣新到湖镇后。首推"亩产履约保证金"试点。在沙田湖工业园区，原雅艺工贸项目占地70.33亩，建有3幢厂房和一幢办公楼，但3年多过去却一直没投产。通过决策咨询程序，此地引进了浙江日源宏金属有限公司和浙江助家家居用品有限公司两个新项目，盘活了这笔闲置资产。为了避免再次出现占用资源无效益的情况，在新项目签约的同时，签约企业再签一份亩均税收承诺书，承诺两年内达到省定亩均税收标准，签约企业分别递交了100万元和120万元的"亩产履约保证金"。这样的尝试，给企业以压力，同时将亩均税收指标的确定上推到项目引进和项目决策咨询阶段，确保有质量、有效益的好项目落地。借"亩产论英雄"改革的东风，通过制定"一企一策"的方案，倒逼企业扩大产能，增加销售。经过几年的努力，湖镇加快推进工业用地提质增效和产业转型升级，以"亩均论英雄"撬动"寸土生寸金"，为高质量发展注入新动能。

三、紧绷安全生产弦 严抓细管不松懈

（一）安全生产工作事关人民群众的生命财产安全，事关经济社会的发展，事关改革发展和稳定的大局。搞好安全生产是坚持立党为公、执政为民的必然要求，是全面落实习近平新时代中国特色社会主义思想和实现中华民族伟大复兴的中国梦的重要内容，也是社会实现加快发展的客观需要。没有安全，一切都是零。为此，结合湖镇工业发展实际，袁荣新从多方面筑牢企业安全生产防线，全面完善安全生产责任体系。一是认真贯彻落实安全（消防）"党政同责、一岗双责、齐抓共管、失职追责"和"管行业必须管安全"的工作要求，建立湖镇镇安全（消防）"1＋X"责任体系，成立镇安全（消防）委员会和七个专业委员会。二是签订安全、消防、目标管理责任书。镇主要领导与班子分管领导，镇党委政府与4个工作站、39个行政村、70家企业、14家烟花爆竹经营单位、7家油漆涂料经营单位签订《湖镇镇二〇一八年度安全、消防、环保目标管理责任书》。三是镇主要领导亲力亲为。每年的安全（消防）大检查，镇主要领导亲自参加，四次大型安全生产会议，镇主要领导亲自部署，党政班子会逢会必讲安全（消防）工作。

（二）及时开展隐患排查整治。国务院、省、市、县安全生产会议后，第一时间进行部署落实，镇主要领导亲自部署四次大型安全生产会议。及时开展隐患排查整治。积极开展春节、全国"两会"、中秋、国庆的安全（消防）排查整治活动，对合用场所、居住出租房、高层建筑、老旧小区、电动车销售维修点等重点领域，工矿商贸企业、仓储空间等隐患进行排查整治，进一步压实安全（消防）责任，切实解决一批安全（消防）突出问题，确保湖镇安全（消防）形势持续平稳。

（三）创新安全生产监管模式。一是加强安全生产规范化建设。镇政府将19家规上企业、70家小微企业的安全生产、环境保护技术咨询服务工作承包给专业公司开展。通过专业公司的专业服务，进一步完善湖镇镇安全生产网格化责任体系，提高镇安监站和企业安全从业人员的业务素质，增强发现隐患的能力。镇安监站与衢州鑫邦公司进行了100家次的安全检查，共排查一般事故隐患70余项，并已全部整改到位，累计落实隐患治理资金56万元。二是依托"四个平台"，发挥全科网格员作用。对3家农家乐、2家网吧、130间危旧房和10个村文化礼堂、91家保留生猪养殖场、通济古街、4个道路桥洞、9家宗教场所、湖镇敬老院、6所中小学校和湖镇卫生院、14家幼儿园等开展全面精准排查检查，及时发现问题50处并督促整改。三是培训演练工作扎实。组织全镇70余家单位参加安全生产知识培训、消防演练。安全生产月期间，金龙、蓝天、纳宝莱等20家企业进行了消防培训和演练。四是积极推广智慧用电。针对易发生火灾事故的造纸、棉纺、化工等重点行业，湖镇已安装117套智慧用电设备，5家企业正在落实安装中。对居住床位在10个以上的出租房推广应用独立式感烟探测器142个，提高居住出租房的技防水平。

[口述者袁荣新，2016年8月至2020年4月，任湖镇镇副镇长（工业）。]

第四节　多元化就业帮扶，为残疾人铺就"幸福路"

一、公司发展壮大　不忘回馈社会

他们的公司全称是浙江金龙再生资源股份有限公司，公司成立于2001年5月，深耕造纸和纸制品业已超二十年，是集废纸和废木纤维利用、热电联产、生态造纸、绿色包装和物流运输于一体的资源综合利用型企业。公司属于福利企业，截至目前，公司的福利人员有300多名，其中男性占了255人，女性占了87人。他们是一个有爱心的企业，公司多年来帮助了许许多多残疾人走出困境，为社会作出了良好的榜样，吸引了更多的爱心人士加入其中来。金龙公司不会歧视残疾人，工作方面，身体状况好一些的残疾人员，在他们这边是能直接进车间，跟普通员工是同心同德，同工同酬；身体条件欠缺的残疾人，公司会根据实际情况为他安排合适的岗位，例如门卫、扫地等，残疾人的薪资方面他们依照国家标准最低保证有一千八百余元，工作能力强的有五六千，还有五六个是达到一万以上的。

二、"人性化"管理提供"岗位福利"

公司专门成立了残疾职工管理办公室，由一名公司副总分管，专门负责残疾人的招聘、培训、工作、生活等各项具体工作。为方便与残疾员工的沟通交流，公司确定由残疾人担任残疾职工管理办公室的工作人员，充分体现了企业尊重残疾员工的人本理念。

公司从拓宽残疾员工就业渠道入手，由一名人事干部专门负责残疾人的招聘录用工作，县里举办各类劳务招聘会，企业都要设立单独的残疾人招聘摊位，向全县残疾人广开就业之路。公司为尽可能多地设置残疾人就业岗位，始终坚持走劳动密集型产业的发展道路，尽量多创造符合残疾人特点的手工操作类岗位。公司还根据残疾人的实际，本着"人人平等、各尽所能、各尽所长"的用人原则，针对性地为每个残疾员工安排合适的工作岗位。将多数文化水平低、就业能力差的残疾员工安排到安全系数高的原料车间、门卫及后勤，从事选料、保洁等工作；而少部分文化水平高、个人素质强的残疾人则被安排到各部门、车间做管理岗位。走进金龙纸业，就可以感受到浓浓的和谐互助氛围，全厂400余名残疾员工都在各自的工作岗位上，为企业的发展壮大出一份力、尽一份责，在平凡的岗位上实现人生价值，奏响了企业与员工同舟共济、齐头奋进的"和谐曲"。

三、"针对性"培训提供"技能福利"

公司根据残疾员工普遍文化水平低、就业能力差的现状，加强了对残疾员工的学习培训。公司规定，残疾员工进公司前必须进行统一的岗前培训，主要是进行生产安全教育、必要的岗前技能培训和职业道德教育。公司高度重视残疾员工的职业技能培训，一方面加强与县残联等部门的联系，先后举办计算机操作、哑语等各类培训班10余期，共300余人次的残疾员工参加培训，提高残疾员工对外交流的能力，在这基础上，公司还与龙游县造纸中专联合举办了中职毕业证和技能等级证的"双证制"教育培训班，共有35名公司员工参加培训；另一方面公司还着力于内部培训，建立了定期轮训制度，公司利用每半年的一次停产检修机会，开展残疾员工的集中技能培训，由各车间的技术骨干对员工开展技能提升培训，提高技术水平，保障产品质量。

为提高残疾员工的文化素质，公司还创建了员工"业余文化进修课堂"，每周利用一个晚上的时间，举办敞开式大课堂，由公司文化程度较高的员工担任授课老师，轮流为残疾员工进行简单的文化培训，员工可根据自己的实际自愿参加，每周一次，全年不间断，"业余文化进修课堂"为提高员工的文化水平发挥了积极的作用。来自公司附近溪底杜村的残疾员工杜益平，在公司造纸制浆车间工作，通过参加各类培训，提高了技能，仅一年时间成了车间的技术骨干，当上了班长；同时，杜益平通过参加业余文化进修，文化水平也得到了很快提升。

四、"贴心式"帮扶提供"生活福利"

公司首先从保证员工的基本保障入手，确保残疾员工享有与普通员工同等的福利待遇。公司规定，残疾员工与公司签订了劳动合同后，就享受公司的季度奖、年终奖、节假日补贴等各种福利待遇，对病假、事假的员工，公司按法律法规规定照常发放工资。员工工资在每月底按时发放，公司成立以来，从未发生过因工资发放引起的劳动纠纷。

公司还根据多数残疾职工行动不便、生活自理能力差的实际，制定了一系列方便残疾员工的倾斜政策。公司的员工宿舍有6层，而残疾员工一般都安排在一楼和二楼，减少了残疾员工上下楼的麻烦。公司还将食堂迁到厂区中心，方便残疾员工就近就餐，对少数智力障碍员工实行餐费每月结算，由管理人员帮助结算餐费。针对部分残疾员工上下班不便的情况，公司与县长运公司联系，通过公司给予适当补贴的形式，开通了公司与龙游县城之间的公交班车，方便县城及沿线的残疾员工上下班。公司还建立残疾员工之间的"一对一"帮扶制度，由能力强的残疾员工负责帮扶1—2名能力差的残疾员工，促进员工之间的互帮互助。每年年末，公司都要向生活困难的残疾员工发放500—1000元不等的困难补助金。

五、"全面化"保障提供"社保福利"

公司在注重保障残疾员工在岗职工基本权益，提供必要帮扶的同时，还非常注重残疾员工的长远、全面保障。为消除残疾员工在企业务工的后顾之忧，真正让他们安心、放心在企业工作，公司每年投入200余万元，为残疾员工全部缴纳五项社会保险。由于残疾员工的行为能力稍差，发生工伤事故的概率相对偏高，公司为他们缴纳了工伤保险后，员工遇到工伤时的基本权益得到了保障，加上公司为残疾员工缴纳的养老保险和医疗保障，实现了"老有所养""病有所医"，金龙纸业真正成为残疾人的"娘家"。据测算，公司每年为残疾员工支付的社会保障费，工资、各类福利待遇的总额达到1000余万元，为龙游县的残疾人事业作出了巨大贡献，履行了一家企业应有的社会责任。

（口述者谢立芳，浙江金龙再生资源股份有限公司人事总监。）

第五节　从打工人到创业先锋的蝶变

一、回乡创业　从零开始

2016年9月回龙游之前，徐建新一直在宁波打工，从事的是线切割方面的工作，在外面这么多年，一方面是有了一定的资金积累，另一方面也是想回家乡发展，为家乡建设贡献自己的绵薄之力。回来后，他就开始租厂房、买设备、跑市场，厂房在镇政府的牵线搭桥下，很快租了一处别的公司闲置厂房，设备也很快安装调试到位了。但正式投产之后，问题也随之而来，最让他头痛的是这边没有相关产业链配套，因为他们主要生产的是稀土永磁产品，应用于新能源车的电机里面，而湖镇这里相关的配套企业几乎为零。没办法，原材料的采购、产品的销售这些都得从零开始，他只能自己一家一家跑，原材料的品质比较、价格对照等，这些对于他这样的初创企业，是非常重要的，有时候省一两毛钱一个，就可大大提高他的产品的竞争力。为此，刚开始那段时间，徐建新天天跑宁波、杭州、上海等地，洽谈原材料采购业务。产品生产出来后，他又马不停蹄地开始跑市场，这过程的辛酸和委屈，说也说不完，道也道不清。其实回乡创业，他也是鼓足了很大的勇气才行动的，因为要面临太多未知的风险，手上的这些资金够不够、自己生产的产品质量符不符合要求、能不能得到市场的认可，这些都是他心里没底的。那时候他也是一心扑在公司里，不懂得向同行朋友请教，失败了总结经验教训，听取建议，及时进行整改。在重新明确企业产品定位时，他始终做到"四个亲自"，亲自到车间指导生产，亲自检验每一个产品，亲自送货到客户，亲自征求客户意见。就这样，功夫不负有心人，慢慢地企业口碑越来越好，发展之路也越来越顺畅。

二、匠心精神　做好产品

他们公司生产的产品，是电机里面比较核心的配件，所以对精度的要求也非常高，误差要达到 0.03 毫米以内，相当于误差不到一根头发丝的四分之一。而且对产品质量的稳定性要求也特别高，因为他们这个产品是应用于新能源车电机里的，属于驱动组件，一旦他们的产品出现问题，整个车辆就完全报废了，消费者一旦退货，所有的损失就会由他们公司来承担，这对于他们这样的小企业来说，就可能一无所有了，所以产品的质量是一定要确保万无一失的。这对于徐建新来说，是一个很大的挑战，但他始终坚持，作为企业负责人，核心技术自己一定要懂，所以他一直都在坚持学习，每天等员工们下班后，他就会一个人在实验室里，不断摸索，从认识 X 轴、Y 轴开始，学画图、学计算。说实话，他读书的时候，数学成绩是最差的，而且现在年纪大了，很多基础知识也都记不起来了，但他始终坚信，胜利是留给有准备的人，只要时间花下去，肯定会有收获，所以创业的过程，也是他学习的过程。从简单的平面图，到复杂的编程设置，现在对于他来说，都可以轻松搞定，所有的工序他都可以操作，所有的设备他都会调试，所有的参数他都会设置，每一种产品的弧度、角度、宽度合不合格，基本上他一看就能看个八九不离十了。除了自己努力外，这几年，他还亲自组建和管理公司研发团队，加大研发人才的招引和资金投入，因为一个企业故步自封，踏步不前，肯定会被市场所淘汰。眼下，小微园内有这么好的条件和政策，也让他敢投入，敢创新，愿技改，现在他这里生产的产品，全部的工艺要求比国家标准还要高，所以他现在出去谈生意，底气很足，价格方面一点都不比那些大公司低，市场占有率也是逐年提升。

三、新建厂房　再扩规模

这几年，通过徐建新跟员工们的共同努力，企业发展势头良好，产值规模逐年提升。所以原本他租用的其他企业的闲置厂房，就显得空间不足了，而且随着租金等成本的不断上升，他也有了自己建厂房的想法，因为那个毕竟是人家的，他想改造、想升级都有顾虑的，也不太敢投入，所以一直来机器设备都没怎么更新，这给他们后续再扩大生产规模形成一个不小的障碍。他也一直到处物色合适的地方建造厂房。2020年，建州智汇创谷小微园项目落户湖镇，他就有了想搬进来的想法，实地考察对接了以后，觉得这里的整体规划跟他们企业非常契合，相关的配套设施也非常完善，他只需要专心做好生产即可，其他的事情园区运营公司会全部搞定，2021年，公司搬进小微园后，企业的发展空间和周边配套都得到了全面升级，解除了他们企业生产中的后顾之忧。现在车间里的生产设备全部更换成了自动化的生产设备，一台的产量相当于以前的七台，不仅大大提升了生产效率，而且产品的稳定性也更好了。在入驻小微园的一年多时间，就从规下企业做到了规上企业的产值，2022年产品销售收入达到2000万元以上。2023年的产值将突破2500万元。所以说，湖镇镇政府引入小微园，对于像他这样的中小微企业来说，进驻园区，就像找到了"娘家人"，有了依靠，入驻小微园不仅只是成本降低、安心生产等优势，当众多的小微企业聚集在一起时，会发挥小微园对产业链的提升改造功能。同行业企业联合建设，小微园功能配套上更符合本行业需求，产业链更加完善，有利于发挥规模效应，可实现"成本更低，效果更好"。

四、整装待发　再创辉煌

进入新厂房，设备改造也基本完成，生产工艺趋于稳定，有了稳定的客户群，公司正处于发展的上升期，但面对竞争激烈的市场，不进则退，所以危机感是一直以来他都有的，他也一直提醒自己，眼前的繁荣，不代表以后的富裕。作为民营小企业家，抗击风浪的能力差，一点点的风吹草动，就可以让他们伤筋动骨，所以这些年回乡创业，他一直秉承的就是稳扎稳打，一步一个脚印地往前走。这些年，我们国家的汽车产业正在进入电动化、智能化、低碳化全面升级的新阶段，作为配套厂家，他们也正迎来的风口期。家乡优越的营商环境，配套便利的交通物流条件，对于接下来的发展，他也是充满信心的。现在也已经有部分新产品正在开发的阶段，不久的将来，就可以投放市场，所以他也在考虑，在不久的将来可以将产业链再延长，到时候可能规模还要再扩张，人员还得再增加，也可以引进更多的相关企业进入小微园区，大家一起抱团发展，不仅可为湖镇的工业经济增添动力，也能为当地居民增加就业的机会，这也是他作为湖镇人的一份责任吧。

（口述者徐建新，浙江新艺新能源科技有限公司总经理。）

第六节　科研创新是企业发展的不竭动力

一、疫情突发　扩充产能

2018年经朋友介绍，李安稳和哥哥一起从富阳转战到湖镇，到这里的第一印象是这里的人不排外，都很好相处。更让他们满意的是政府部门的办事速度，服务态度也是既快又好。2018年过来后，他们通过政府的"腾笼换鸟",购买了20多亩厂房,原来的企业主已经建造了一栋厂房,所以他们过来后经过简单的整修,没用多少时间就可以使用了,随后购买了两条生产流水线,安装调试后就进入试生产阶段了。但由于变压器容量不够,不能同时满足两条产线一起运行,所以2019年正式投产后,平时都只开一条生产线。到了2019年年底,他们就跟镇里提出扩容的申请,镇里也同意了他们的申请,因为当时已经快到春节了,所以就定在春节过后再开工建设。春节假期,他到老家山东没几天,突如其来的新冠疫情打乱了原来的计划。2020年春节刚过,正月初二的时候,他在老家接到了浙江省经济和信息化厅的电话,希望他们企业能够尽快开工,生产无纺布,因为当时新冠疫情刚刚暴发,口罩成了稀缺产品,市场上是一"罩"难求,作为生产口罩的重要材料,无纺布的供应至关重要。所以正月初三,他跟他哥就从山东老家回到了湖镇,路上,他们就开始对接镇里,因为变压器的这个问题不解决,生产就难以保障,电话联系后,镇里的工作人员立即联系了电力部门,回复他马上安排施工力量进场,当时正值春节假期,大家都正与家人共享天伦之乐,施工人员过来还需要一定的时间,而且由于新冠疫情的原因,路上可能会耽搁,这些问题他们也一直在跟镇里协商。正月初三下午他们到达公司后,让他大感意外的是,门口变压器增容工作已经开始,施工速度也很快,基本上连夜施工,初四就换好了变压器。这样的办事速度,是他以前的创业过程中绝无仅有的,电力有了保障后,两条生产线就可以开足马力生产,为当时抗击疫情物资保障贡献了他们的微薄之力。

二、抢抓机遇　做大做强

2020年新冠疫情暴发,让他们的产品出现了供不应求的局面,他马上开始购买新的生产线,从两条发展到了十多条线,而且厂里的生产也基本是24小时运转的,员工被分成好几批,大家轮流上班全力以赴赶订单。疫情虽然给他们带来了大量的订单,但严格的防疫管控,也给他们生产带来了不小的影响。当时很多地方都开始了严格的防疫管控,人员流动受影响,原材料过不来,成品又出不去。政府了解这个情况后,县、镇两级相关部门成立了服务专班,蹲点在他们这里,有问题,镇里会第一时间帮忙解决。他印象比较深刻的是，当时有部分福建、贵州等地的员工，一下子回不来，湖镇镇立即联系各村村干部，让他们协助招人，一个星期内，就解决了他们用工的问题。政府优良的营商环境，让他们企业这几年的发展突飞猛进，产值也从最初的1000多万元，提升到了2022年的6000多万元。除了政府的大力支持外，李安稳自己这边对于研发的投入也一直在持续，他的思想里创新是绝对不能停的，虽然这几年生产很忙，但每年三四百万元的研发投入是雷打不动的。2022年，县级研发中心落户他们这里，2023年市级研发中心也下来了，预计2024年省级研发中心也可以下来，这也为他们公司后续的发展，提供了源源不断的动力，也为他们扩大再生产提供了信心。2022年公司又买入了20亩土地建造新厂房，2023年6月份，新设备就可以调试完成，进入试生产阶段，完全投产后，预计年产值可以再翻一番。回望在湖镇创业的这五年，是跨越式高质量发展的五年。接下来的五年，他们也更有信心把企业做大做强。

三、以创新引领企业高质量发展

"创新是高质量发展的第一推动力，任何企业要想在竞争中脱颖而出，必须坚持不断创新，技术引领。"一直以来，李安稳都秉持这一理念。而创新必须以人才为基础。这几年，他一直注意人才的招引和培养，公司现有博士生1名，研究生5名，10年以上行业从业者5名，公司还建立了初步的人才培养与薪酬激励机制。有了人才的加持，企业的产品迭代更新也步入了加速度，2018年公司研发并生产熔喷无纺布；2019年，公司生产的熔喷空气过滤材料出口到欧洲、美国等市场，并研发出第二代静电棉材料，进入医疗及微电子等特殊过滤领域；2020年，他们研发出第一代熔喷水过滤材料，并推向市场，同时研发出超低阻力熔喷过滤材料；2021年，他们又开发出全系列液体过滤材料，第二代静电骨架材料，并成功通过国家高新技术企业认证；2022年，公司开发出高精度熔喷液体过滤材料及复合材料，成功入库国家科技型中小企业。眼下，他们已拥有6条熔喷线，8条纺融线，3条纺粘生产线，2条骨架材料生产线，以及十余条针刺、静电棉后处理等各类生产线，可以很好地满足客户小批量、多元化、定制化需求。一年一个台阶，一年一步跨越，在政府的有力推动下，在企业自身努力中，五年时间，他们实现了蝶变，成为行业内有一定影响力的企业。

（口述者李安稳，浙江圣蓝新材科技有限公司总经理。）

第七节 "腾笼换鸟"换出新发展

一、市场转型 "腾笼换鸟"

2003年，龙游有机化工厂改制后，余志祥就开始自谋职业了，他在龙游城南开发区创建的龙游圣发橡塑助剂有限公司，是浙江地区最大的活性氧化锌、纳米氧化锌供应厂家之一。公司汇聚的化工研究人员长期从事氧化锌新工艺的研究，引进先进的纳米氧化锌新生产工艺、先进生产线，不断提高产品质量，注重企业品牌、健全销售网络。近年来根据市场的需求，他们不断创新研发出各种专门级别的氧化锌。"圣发"牌橡胶级活性氧化锌、纳米级氧化锌、塑料发泡专用氧化锌已经达到十多个规格，可以广泛应用轮胎、密封制品、输送带、电缆、胶鞋等领域。2003年前后，正是各地经济开发区蓬勃兴起之时，余志祥就利用自己所学专业，一边开拓市场，一边开发产品，慢慢地依靠产品良好的性能、稳定的质量，打开了销路。现在回想起来下岗之后再创业之路，就如刘欢歌里所唱的，只不过是从头再来，创业的艰辛是可想而知的创业路上的坎坷不在于这条路到底有多难走，而在于很多人走到终点发现又回到了原点，但这也是创业的乐趣。

二十年，对于一个企业来说，正值青年，但对于他来说，已从40岁的不惑之年，到了60岁的花甲之年。这些年，有挫折、有起伏、有喜悦，更有悲伤，总的来说，圣发发展得还是比较平稳的，但是从时代发展的趋势来看，不进则退，虽然平稳，但没有亮点。其实像他的这个公司，需要的土地面积也不是很大，当初从城南搬到湖镇沙田湖工业区，他购买了10亩土地，一直以来，很大一部分也空闲在这里，当初来讲，可能问题不大，但现如今，整个工业园区的土地都快用完了，而且现在"亩均论英雄"考核也越来越严格，镇里也跟余志祥商量，一个就是让他这边想办法扩大规模，扩充产能，来提升整个产值和效益；另一个就是镇政府回购土地，帮他安排别的地方进行加工生产。其实扩大规模对于他来说，不在计划之内的，另外他自己年纪也在这里了，所以，经过深思熟虑后，他决定响应镇里的号召，进行"腾笼换鸟"。他搬到了小微园里，虽然面积比以前小了很多，但生产方面已经足够用了。这样，镇政府盘活了闲置土地，他也减轻了很多负担和压力，起到了双赢效果。

二、寻求合作　做大做强

创业是一件既漫长又艰辛的事情，这背后的酸楚有时候也是一言难尽，而且，有时靠一个人的力量可能真的很难做得很好，所以往往这个时候会想找一个合作对象一起奋斗，一起打拼这番事业，但是要选择一个适合的人真的很难。这么多年下来，他们企业在技术方面还是有一定优势的，但想要扩大规模，目前对于他来说，有点力不从心，毕竟年纪大了，所以也一直想寻求合作伙伴，这几年，也有一些本地、外地的客商远程洽谈过合作，但有些细节方面都没谈拢。今年，也有几批客商在谈合作事宜，也有的是带着现金过来的，合作者出钱，他出技术，也在谈。人做任何事都有自己的目的性，合作也是一样。有了目标的同时就要有标准，有了明确的目标和标准选择合作伙伴时就不盲目，也就避免了问题的产生，当然，任何事情都不是绝对的。能够判断和解决问题是创业者应该具备的基本条件。他也给自己定了几条标准：合伙，首先是要能和自己是一条心的，一个好汉三个帮，团结就是力量；其次，要和自己是互补的最好。一个公司不仅仅需要技术的人才，还需要业务的人才，也需要管理的人才，也需要黏合剂型的那种人才。这样，公司的整合才会有更好的效果；最后，就是为人要好。往往很多人才在一起，合作前很多准备工作都做好了，但为什么举步维艰呢？很可能是团体中出现问题了，不同的私人利益，不同人与人的为人处世，在时间的发酵下，就如显微镜下的蚂蚁，好大啊。这样，矛盾就会在一定的时间爆发。总之这种矛盾，往往是到了不可挽回的时候才会爆发。因为开始大家都忍，只有不能忍的时候，就会一下子全部爆发了。合伙人，最好在人品上是自己欣赏的那种，放心、踏实、能知根知底的那种。所以，要耐心，要细心，寻找合作伙伴第一先选择人品，第二选择人才，第三选择资金，第四是性格合得来，沟通顺畅很重要。如果四条都具备了，相信一定会合作得好。相信他这里很快就会有结果的。

（口述者余志祥，龙游圣发橡塑助剂有限公司总经理。）

第八节　以技改赢市场

一、从小南海镇搬迁至湖镇镇

20世纪90年代初，章坤宁的公司落户在龙游县小南海镇，所以取名叫南海包装。公司的厂房面积约1600平方米，虽然面积不算很大，但得益于龙游纸产业的基础，经过努力，公司规模日渐壮大，产品种类越来越丰富，主要有食品包装箱、礼盒、工业品包装盒等，主要销往周边地区，如金华、义乌、遂昌、江山等地。这几年，随着订单量的增加，原先小南海镇那边的厂房就显得太小了，满足不了日常生产的需求。为此，他们公司也决定进行搬迁。章坤宁跑了好几个地方，看了好几个小微园区，之所以定在湖镇的建州智汇创谷小微园，看中的也是这里的"拎包入住"。厂房可以"按需定制"，他们下单后8个月内就完工了，顺利解决了场地问题，周边便捷的交通也很大程度上降低了物流成本。同时，小微园个性化的服务和专业管理也让他们能安心将精力放在生产上。他们作为一家传统的彩印包装企业，专门为不同行业的客户提供定制化纸箱包装，经常要面临客户订单要求高、需求变更频繁、产品种类多达上千种等问题，这也使得他在工厂身兼多职，既是管理者，又是计划员，生产计划的下发、人员管理、工艺文档调整等占据了大量的管理时间。在了解他的需求后，建州智汇创谷数字化建设运营团队主动上门进行沟通、平台演示。经过详细的需求调研和确认验证后，围绕他们企业核心设备实时监控，订单生产进度，在不影响企业正常生产的情况下，7天时间内，帮助他们实现了从硬件到软件的快速落地部署运行。这是一款针对中小型制造企业的工厂管理利器，基于全新一代物联技术，充分发挥5G及云端部署优势，快速实现核心设备实时监控，精细化二级考勤，生产计划一键下发，随时掌握产量、开机率、异常等生产现场的情况，进一步帮助他们企业进行数字化转型升级，用真实数据管好生产。眼下，他们公司实现了裱纸机、糊盒机设备的5G联网，实时监控设备开停机率，有效实现订单管理，这也让他有更多时间专注于开拓订单，并进一步提升管理水平。现在，6000平方米的新厂房，让他们如愿以偿地更新了设备，扩大了生产规模。2020年，公司的产值大概1200万元，搬到小微园后估计能增加50%以上。

二、以技改赢市场

像他这样的企业，其实技术含量相对来说不高，所以竞争也会比较激烈，想要赢得订单，就要有价格优势、品质优势和速度优势。这几年来，他们下游客户的要求已经发生了很大的变化，大家都是根据自己的实际情况下订单，交货时间相比之前大大缩短，这就要求他们企业能够在短时间内交出货、交好货。所以这几年，他也意识到了技改的重要性，以前那种纯手工的方式已经完全适应不了新形势的要求，上百万的设备现在车间里已经有好几台了，而且章坤宁还计划在两年内继续投入资金，购买全自动的高速水印机，这是发展的必然要求。眼下，有了这些新设备，虽然市场的波动还是比较大，但他心里有底了，不慌了，人家接不了的单子，他可以接，人家来不及的单子他可以接。虽然刚搬进新厂房，但生产是一刻也没得放松的，大家都在加班加点赶订单。说实话，像他这个行业，准入门槛低，技术含量少，靠什么赢市场，只能是降低生产成本，提高服务水平。搬到这个园区里，除了这里的配套完善外，更重要的是他的上游企业就在隔壁，所以原材料的采购就非常的方便，那边企业生产好后，即可直接运送过来，这就可以大大节约他的原材料运输成本。对于他们这种小微企业来说，每一个细节、每一个环节都很重要，都可能影响企业的下一步发展，所以每走一步，他们都是深思熟虑的。2023年，公司到了新厂址，他也期待着有好的开始、新的进步。

三、最优营商环境助力企业加速奔跑

营商环境是企业发展的土壤，土质好不好、肥力足不足，直接影响经济发展。落户湖镇，让他感受最深的就是这里的营商环境，当地政府部门非常关心、关注他们企业的发展，他们有什么困难向镇里反映，镇里都是第一时间过来帮忙解决，他们有什么需求，镇里也会尽量满足，到了湖镇，就像到了家里一样，相信有这样的政企关系，未来一定会更好。

（口述者章坤宁，龙游南海包装有限公司总经理。）

第九节　时代综述

为加快"腾笼换鸟"工作，2012年浙江省人民政府出台了《浙江省人民政府关于加快"腾笼换鸟"促进经济转型升级的若干意见（试行）》，文件阐述了"腾笼换鸟"的重大意义，加快"腾笼换鸟"的根本目的是腾出发展空间用于加快产业转型升级，提高资源配置效率，转变高投入、高消耗、高排放的粗放式增长方式，促进全省经济加快发展、高质量发展。"腾笼换鸟"是一项综合性、系统性的工作，各地、各部门要提高认识、加强领导、统筹谋划、形成合力，既要做好"腾笼"的文章，更要做好"换鸟"的文章，加强体制机制创新，形成政策集成优势，腾出用地空间、用能空间和排放指标等，扩大有效投资，发展现代制造模式的传统优势产业，技术领先、附加值高的战略性新兴产业，为产业转型升级提供有效支撑的高技术服务业，促进优质要素资源配置优化，在发展现代工业中做强工业，扎实推动产业结构调整和经济转型升级。

《浙江省人民政府关于加快"腾笼换鸟"促进经济转型升级的若干意见（试行）》下发后，湖镇迅速行动，一方面加强工业园区的基础设施提升工作和招商引资工作；另一方面积极推进"腾笼换鸟"与企业转型升级工作。

2012年，湖镇针对工业用地紧张的实际，积极开展零土地招商，成功盘活天佑竹业有限公司；做好镇属老酒厂、老丝厂等闲置资产的对外招商工作；对闲置时间长而未用的土地进行"腾笼换鸟"，成功收储汇征五金制造有限公司30亩土地。在抓招商选资的同时，湖镇更加注重对现有企业的转型升级，做大做强。全年新增规模企业2家，规模企业达到30家，产值达48.68亿元，占全镇工业总产值的73.02%，其中环达漆业、大明特种纸、君飞纺织等13家企业年产值在亿元以上，金龙纸业有限公司达12.74亿元。特种造纸、棉纺、五金机械、化工油漆四大主导产业地位进一步凸显，环达漆业集团、恒达纸业、君飞纺织三家企业被评为龙游县工业行业龙头骨干企业。协助经济主体办理各项行政审批手续；做好企业履约评估、政策兑现等工作；对造纸、危化、五金机械等企业开展"互查互评找不足，互学互帮促提高"的安全生产大检查，通过活动发现不足，及时整改，确保安全；引导金龙纸业、名龙纺织等企业加快转型升级步伐，提升产业层次，全年共有26家企业技改投入在50万元以上，累计达8.02亿元。

2013年湖镇完善服务体系，引导企业加快技改投入，促进转型升级，提升产业层次，32个工业投改项目1—11月投入技改资金21.13亿元，全年实现工业固定资产投入21.43亿元，同比增长46.21%。1—11月，四大主导产业实现产值38.76亿元，同比增长10.39%；其中5家特种纸企业实现产值19.13亿，同比增长1.94%；7家纺织企业实现产值10.47亿元，同比增长11.94%；4家五金机械企业实现产值4.15亿元，同比增长3.76%；3家化工油漆企业实现产值5.01亿元，同比增长22.84%。

2014年，湖镇工业转型升级力度加大。建立健全转型升级倒逼机制，盘活闲置低效工业资产3宗，淘汰5条落后生产线。完成"个转企"22家，新增规模企业1家。特种纸、化工油漆、棉纺织造、五金机械四大主导产业实现产值42.81亿元，占规上企业产值的81.92%。建成金怡热电联产等新能源项目，引进苏美达、印加等新能源发电项目。引导企业突破创新，金龙纸业、名嵘纺织等16家企业共计20个项目进行技改，实际投资8.03亿元。"退二进三"，调整产业结构，淘汰落后产能，取缔4家企业，60家企业完成环保整治。

2015年，湖镇倒逼企业转型升级，推进"四换三名"，36个工业技改项目完成投入11.78亿元。实施"腾笼换鸟"，天瑞再生资源一期市场内新引进投资3800万元的豪利来大酒店项目，盘活处置雅艺工贸有限公司低效用地70余亩。企业对接多层次资本市场取得突破，恒达纸业和浙江固特成功在"新三板"挂牌，"大咯大"品牌鸡蛋在浙商所挂牌上市。

2017年，湖镇镇坚定"抓项目就是抓发展"理念，积极处置僵尸企业，扎实推进"腾笼换鸟"，优化工业发展环境，推动工业企业转型升级。全年共实施500万元以上技改项目27个，完成工业有效投资7.27亿元，同比下降30.53%。盘活汇兴五金、航鑫工贸、名龙纺织、乾兴机械、大明纸业、雅艺工贸等6家闲置资产，成功收回一宗面积为10亩的闲置工业用地，并没收土地闲置费40万元，力促全镇工业由"救死扶伤"阶段转入良性高质量发展阶段。出台镇党政班子成员联系重点企业制度，组织召开政银企合作座谈会，举办湖镇镇首届春季企业用工专场招聘会，缓解企业招工难。为恒达新材、金龙纸业等主板上市提供全方位优质服务。

2018年，湖镇传统产业提质增效。服务金龙纸业、恒达新材争取主板上市，推动恒祥纺织等企业实施技改项目19个，完成技改投入资金1.76亿元，整治提升"低小散"企业57家，实现规上工业企业总产值31.46亿元，同比增长13.10%。"亩产论英雄"深度推进。把脉低效工业用地，在全县率先启动"亩产论英雄"改革，试行差别化电价，倒逼企业转型升级，推进低效工业企业出清，7家企业成功升规，升规数量创湖镇历年之最。

2019年，湖镇高举产业大旗，唱响产业为王，锚定"3+3"产业新体系，竭尽全力扶优主导产业、做强特色产业、壮大新兴产业，坚持向改革要项目，持续深化"亩均论英雄"改革，倒逼28家低效企业出清，推动恒祥纺织、双熊猫纸业、君飞纺织等28家企业技改升级。

2020年湖镇规上工业产值40.89亿元，同比增长10.85%，固定资产投资4.5亿元，同比增长52.70%，以数字化赋能、绿色化转型、集群化强链狠抓特种纸、家居棉纺、五金机械等传统产业改造提升，同步推动新材料、医疗健康做大做强。深化"亩均论英雄"改革，加大低效出清力度，推动金龙再生、恒祥纺织、双熊猫纸业、君飞纺织等28家企业技改升级。高标准建设产业社区 3.0，以智汇创谷、金龙再生为引领，打造龙游中小产业集群地和产业社区治理现代化样板。

2021 年，湖镇镇工业技改项目在库 25 个，新入库 9 个，续建项目 16 个，完成投资 15027 万元。其中，总投资 5800 万元的瑞飞交通项目厂区建设完成，已进入试生产阶段；总投资 5000 万元的圣蓝纸业技改项目已完成竣工建设并正式投产。2022 年，总投资 1.05 亿的蓝天废旧家电回收技改项目预计 6 月份开工建设，全年预计出数 3500 万元。圣蓝新材、瑞飞交通等续建类项目预计出数共计 1000 万元。

湖镇通过多年的努力，从基础设施建设到产业升级，成功推动工业经济的可持续发展。未来，湖镇将继续以工业产业为核心，致力于全面提升工业水平，为当地经济繁荣和社会进步做出更大的贡献。

第五章　逐梦未来：擎旗奋进正当时砥砺前行再扬帆

星光不负赶路人，江河眷顾奋楫者。新世纪的这二十多年，在湖镇的历史上只是短暂的一瞬，但在湖镇工业经济高质量发展的征程中，却是浓墨重彩、精彩绝伦的一笔。工业产值从1亿元到61亿元，工业企业135家，其中规上企业40家，年产值亿元以上15家，"小巨人"企业1家，省专精特新企业5家。一个个数字的变化，代表一届届镇政府的努力，也见证着一个个企业的变好变强。金龙股份冲刺主板，恒达新材料完成创业板上市。湖镇企业从小试牛刀，到激情扬帆，再到行业龙头。五年内，工业突破百亿产值，需要金龙、恒达这样的大佬领头，也离不开祥盛、智汇创谷这样的新生力量接力。挖存量、扩增量、稳增长、调结构、促升级、优环境，新征程上，湖镇正积蓄新动能，实现新突破，攀登新高峰。湖镇围绕四省边际中心城市、现代化先行市建设的重要目标，锚定赛道、抢抓机遇，始终把发展作为第一要务，持续挖掘特色、放大亮点，推动共同富裕示范区浙西新明珠的先行镇跨越式高质量发展。

第一节　诗画湖镇展现新魅力，工业强镇谱写新篇章

一、加快人口集聚　赋能城镇发展

人口是经济社会发展的重要基础和基本要素，也是城市高质量发展的重

要支撑。"大搬快聚"是帮助群众解危除险、摆脱贫困、增收致富的重要抓手，也是实现乡村振兴和共同富裕的有力举措。这几年湖镇的政策力度是很大的，成效也是很明显的，2023年，镇里结合县里的补贴政策，再出台镇级的相应补贴政策，2023年已有1000多户周边搬迁户有意向落户湖镇，房源主要是白鸽湖这边，这里跟沙田湖工业园区连在一块，周边村民来了以后，去边上的企业就可就业，既可增加他们的收入，又为园区企业解决了招工的难题。另外，人口的增多，也可进一步促进当地的消费，激发镇域经济的活力。2020年8月，新建成投用的湖镇东方商业综合体，已经有不少商家进驻开业，为周边居民的购物和娱乐提供了极大便利。同时，也为湖镇美丽城镇的建设提升了品位。作为湖镇镇首个城市综合体项目，东方商业综合体项目总投资5亿元，涵盖高端住宅小区、大型市民广场和东方广场商业综合体，成为集购物、餐饮、休闲、文化功能于一体的新地标，补齐集镇基础设施落后、公共服务不足的短板，激活小城镇的发展动力。激发活力，离不开人这个关键。所以，人口集聚可带来多方集聚效应，这不仅有助于激发创新和人力资本积累，还有利于发挥规模经济效应，提升整体工业制造的生产效率，更能够促进劳动力和厂商之间的匹配，充分有效地利用人力资本。此外，人口集聚能够刺激消费，并且通过本地市场效应及其乘数效应，创造更多需求。

二、推进"五链"融合　狠抓培大育强

产业链、创新链、人才链、资本链、服务链，"五链"融合，就是要精准打造产业链、全面完善创新链、聚力建强人才链、深耕厚植资本链、优化提升服务链。依托"五链"融合这一重要的突破性抓手，衢州"工业强市"进一步聚势扬势，放大"滚雪球"效应，高质量发展再上新台阶。所以王斌觉得"五链"融合释放的叠加效应，正是衢州这几年"工业强市、产业兴市"战略深入实施的关键，这也为湖镇接下来如何抓工业、强产业提供了根本遵循。产业链方面，湖镇将积极做精做强原有产业，不断引导君飞、恒祥等纺织企业做好产业转型升级，同时培育金龙、恒达等拟上市企业，把这些龙头企业继续培育壮大，起到牵头带动作用。同时，要积极引进新材料、半导体

等数字产业。2023年省委省政府提出3个"一号工程",其中实施数字经济创新提质"一号发展工程"是摆在首位的。接下来,湖镇也将在数字经济方面持续发力,跟上全省全市的步伐。创新链方面,借助市里的浙大衢州两院、衢州市浙工大生态工业创新研究院等市、县创新主平台,把好的项目引进来,把好的人才请过来,通过创新来推进产业转型升级。人才链方面,采取走出去、引进来的模式,出台相关引才政策,做好创新型人才引育,同时依托本地院校,做好技能型人才的培养,双管齐下,做好人才工作。资本链方面,建立覆盖产业链全链条的资本服务,构建全生命周期基金投资矩阵,加快推进企业上市,完善金融生态体系,撬动更多社会资本向产业链集聚。服务链方面,要优化提升服务链,深化改革破题,强化要素保障,打响服务品牌,持续优化营商环境,加快推进产业链项目落地、企业做大。"五链"融合,不断提升"五链"之间的匹配度、耦合度,重塑产业链的生态圈。从而实现"五链"融合的叠加效应、乘数效应,为全镇工业产业装上更强劲的引擎。

三、打造总部经济　形成产业集聚

总部经济代表着一座城市的产业优势和竞争力,是优化城市经济结构、创新发展模式的强力引擎。湖镇想要多维度、全方位推动高质量发展,就要打造更多的总部经济,吸引更优的总部企业落户,打造总部经济集聚强磁场。接下来,王斌觉得湖镇要做好以下几个方面的工作。

发展总部经济,要有突破自我的创新意识。总部经济可以扩大地区经济总量,提升区域经济竞争力,让"社会资本效应"不断显现。如果一个地区聚集了大批企业总部,说明这个区域的商务环境、综合环境优越,无形之中提升了这个地区的知名度和美誉度。如何进一步发展好总部经济,这对湖镇各级领导干部的能力素质提出了新的更高要求。这就要求他们必须紧跟时代,在学中干、干中学,加快弥补知识空白、经验盲区、本领短板,不断提高适应新时代、落实新部署、实现新目标的能力和水平。因此,发展总部经济同样需要湖镇每一名党员干部都要具备突破自我的创新意识,努力找到最适合湖镇的总部经济发展路径。

发展总部经济,要在抓增量和优存量上下功夫。近年来,湖镇把握企业转型升级的内在需求，以总部经济为抓手，充分发挥企业总部集聚功能，促进总部经济发展。虽然取得了一些成效，但也要客观地看到自己存在的一些不足。比如，目前除特种纸产业外，其他产业整体产值较小。所以王斌觉得要做大总部经济，离不开"移大树"招引增量，更离不开"育好苗"精做存量，重视挖掘现有资源实施总部化，提升其功能与地位，由工厂升级为总部、由制造转向创造，形成"以高端制造为支撑，以研发、销售、物流等服务为拓展"的强链、补链、延链格局。

发展总部经济，要做好营商环境的持续优化。良好的营商环境是企业健康成长的沃土，吸引产业集聚的平台，促进经济发展的基石。如何鼓励和促进他镇总部经济发展，让总部企业引进来、留得住，就需要专门出台相关的政策意见，加大对总部企业的奖励幅度，通过引培双向发力进一步做大做强总部经济，打造高质量发展"强引擎"。但除此之外，还有各种"软环境"。比如，个人、家庭居住的舒适生活环境，以及高水平的教育、医疗资源等往往也是企业总部选址决策的重要影响因素。总部企业里集聚的都是高层次的优秀人才，这些人非常看重工作、生活和学习的环境如何，比如是否拥有舒适温馨的生活环境，是否拥有高水平的教育环境，是否拥有产生共鸣的文化环境，等等。因此，要想提升这些"软环境"的硬实力，还需要各级部门在这些方面多下功夫。

发展总部经济，成为当下很多地方集聚高端资源、推动产业结构升级、提高城市综合竞争力和现代化水平的共同选择。因此，湖镇必须以敢为人先的豪气，以最真挚的热情、最开放的姿态、最贴心的服务，不断吸引优质总部企业落地生根，让总部经济成为湖镇高质量发展的强劲动力。

四、再生资源变废为宝　打造循环经济产业集群

浙江天瑞再生资源开发有限公司、浙江金龙再生资源科技股份有限公司、龙游锦湖再生资源有限公司、浙江蓝天废旧家电回收处理有限公司、浙西再生资源综合市场拆解厂，这几家企业回收范围涵盖了废塑料、废纸、废家电、报废车辆等。2023年，随着浙江祥盛环保科技有限公司的正式投产，可进一步丰满湖镇再生资源回收产业链，与当地现有的再生资源相关企业产

生良性互动，形成再生资源回收产业集群，对提升业态环境，改善业内经营标准，带动地方就业。

党的二十大报告中指出，要加快发展方式绿色转型，实施全面节约战略，推进各类资源节约集约利用，加快构建废弃物循环利用体系。

接下来，湖镇将积极引导企业走科技创新之路，通过建立院士工作站、博士后工作站，积极与国内相关知名大学院校及科研院所进行产学研合作。重点围绕再生资源绿色高效回收、新能源电池绿色再制造等重大项目，加大生产及环保工艺技改力度，推动湖镇全力打造再生资源小镇。

湖镇是浙江省历史文化名镇，全国小城镇建设示范镇，浙江省综合经济实力百强乡镇。王斌是2021年8月份到湖镇任职的，来到这里给他最大的感受就是整个湖镇干事创业的氛围非常浓厚，全镇干部群众勠力同心，奋楫笃行。这两年来，面对新形势，全镇上下锚定一流抓建设，踔厉奋发谋发展，奋力交出高质量发展高分报表。工业强镇步伐坚定，"双招双引"硕果累累，重大项目加速推进，产城融合不断深化。2023年是全面贯彻落实党的二十大精神的开局之年，湖镇如何继续做好工业这篇文章，他想主要从以上几个方面来抓。

（口述者王斌，龙游县委常委、湖镇镇党委书记。）

第二节　坚持工业强市不动摇，奋力开创高质量发展新局面

一、二十年砥砺前行　工业经济结硕果

工业活则经济活，工业强则经济强。工业化也是推动浙江省山区26县高质量发展、实现共同富裕的必由之路。长期以来，龙游县湖镇镇坚持"工业强镇、产业兴镇"不动摇，立足特色，发挥优势，精准定位，持续发力，实现了工业经济跨越式高质量发展。2023年，湖镇镇规上工业总量突破60

亿元大关，财政总收入超 2.5 亿元。这两年，湖镇锚定一流抓建设、踔厉奋发谋发展，奋力交出高质量发展高分报表。工业强镇步伐坚定，"双招双引"硕果累累，重大项目加速推进，产城融合不断深化，强村富民走在前列，民生福祉保障有力，基层治理可圈可，各项事业再上新台阶。湖镇成为一颗镶嵌在浙西大地上的明珠，展现出璀璨魅力。湖镇把厚植特色作为高质量发展的主动力，锻造稳进提质硬支撑，筑牢工业经济"压舱石"。打造"科技龙游"湖镇样板，聘请第三方服务商开展规上企业智能化问诊服务，加快培育创新型企业，近年来湖镇镇企业的科创能级大幅提升。2023 年新增国家专精特新"小巨人"企业 1 家、国家高新技术企业 3 家、省级专精特新企业 3 家、省级科技型中小企业 15 家，培育金龙股份打造省级智能工厂。今天的项目就是明天的财富，今天的投资就是明天的底气。湖镇镇打出系列组合拳，深入实施白鸽人才计划，金龙股份"院士工作站"正式投入运行，"浙江工匠"实现零的突破；瞄准碳基纸基和特种新材等主导产业，累计投资 11.2 亿元，招引落地项目 10 个，其中亿元以上项目 5 个；投资 15 亿元的智汇创谷"省级小微企业园"招引项目 56 个。湖镇先后引进投资 2.1 亿元的金龙研发总部项目、20 亿元的祥盛，16 亿元的金励环保二期。"凤凰行动"成效显著，恒达新材创业板成功上市，金龙股份通过上市初审会，固特科技完成新三板创新层挂牌。纵深推进"腾笼换鸟"，盘活腾退面积 300 余亩，收回 9 家低效企业。聚焦痛点优服务。依托小镇客厅、湖镇老街议事堂等平台建立政企亲清茶叙会机制，并成立湖镇商会，在衢州全市范围内发布首个乡镇促进经济高质量发展硬核六条举措，助企纾困，推动惠企政策直达快享。

二、以最优营商环境增强发展动力

"营造亲商安商富商的投资环境"，是习近平总书记对衢州发展的殷殷嘱托，也是衢州作为加快发展地区实现奋勇争先、后来居上的突破性抓手。湖镇作为衢州的东大门，认真贯彻省委关于实施营商环境优化提升"一号改革工程"的部署要求，锚定"全国一流、全省领先"的目标，树立大局意识、强化系统观念、着力攻坚克难，打造具有全省全国影响力的营商环境建设标志性成果，为城市发展、能级提升提供源源不断的动力。为全镇所有企业发放《涉企服务包》，内容涵盖了安全生产服务咨询、科技市场科技中介、不动产登记代理等十多项内容，加强主动服务意识，全面做好涉企服务，从企业"找服务"向政府"送服务"转变，及时帮助企业纾困解难。定期举行"亲清茶叙会"，为企业家们提供一个宽松、高效、直接的沟通平台，也是镇政府畅通信息渠道、开门问策、构建'亲清'新型政商关系的有效之举，有利于倾听企业家的心声，交流感情，共同谋划未来更好的发展。

三、鼓励企业技改创新　助力产业转型升级

特种纸、棉纺两大传统支柱产业，占据了湖镇工业产值总量的一半以上；新能源、新材料、高端制造、数字经济、生物医药等产业占比较小。同时，企业转型升级总体较慢，数字化、智能化改造投入不大，新产品推陈出新不多，导致湖镇这几年工业经济增长速度相对较慢，竞争优势不强。扬帆起航正当时，砥砺奋进再出发。2023年是全面贯彻落实党的二十大精神的开局之年，新的开始、新的征程，湖镇镇政府将持之以恒、久久为功抓好企业技改扩能工作，推动企业实现转型升级、提高产品竞争力和提升生产效率，为湖镇工业经济发展增添新动能。首先，要强化政策引导，抢抓发展机遇，鼓励企业创新驱动。他们还加大对企业的政策帮扶力度，帮助企业向上争取政策、吃透政策、用足政策，全力支持企业技改扩能、提产增效。出台支持工业经济发展的配套政策，《湖镇镇白鸽计划——人才服务保障实施办法》《湖镇镇促进经济高质量发展硬核六条举措》等一系列措施的出台，多渠道保障企业发展需求。其次，强化企业培育，突出主导产业，推动项目提质增效。通过实施技术改造，积极引入新技术、新设备，对生产工艺实施信息化、智能化改造。培育一批转型升级示范企业、专精特新中小企业、专精特新"小巨人"企业、国家高新技术企业、省级高新技术企业，优选以金龙系、恒达系为主要核心的企业梯度培育格局，壮大市场主体。最后，要强化精准服务，全力保障要素，汇聚工业发展合力。以要素供给为驱动，激发企业投资热情。优选一批综合实力强、发展潜力大、带动作用明显的产业链龙头企业，做大做强骨干企业，实行"一企一策"，在土地资源、资金保障、

政策等方面优先扶持，多方引导企业技改扩能，实施自动化、智能化改造，培育壮大一批制造业领航企业。湖镇镇政府将持续深入服务好现有企业，切实当好政策大使，对工业技改项目实行动态监测，建立"月调度、月通报、年考评"制度，当月调度并汇总技改项目建设情况，做好分析，查找不足、制定措施，切实解决企业在技改扩能中的用地、融资、用工、审批等方面的问题。

四、强机制 建平台 优环境　打造青年人才集聚"强磁场"

科技是第一生产力、人才是第一资源、创新是第一动力。未来的竞争，将是科技的竞争，人才的竞争，所以，湖镇也将聚力"加强人才引育创新"，不断强化高质量发展人才支撑。实行开放、包容、积极的青年人才引育政策。从制度建设、宣传举措、科研平台和服务保障等方面，多措并举，实施青年人才倍增计划，打造了一支数量充足、素质优良、结构合理的人才队伍。聚焦重点产业和重点领域，精准实施高层次人才平台载体搭建激励政策，增强人才聚集引力。以解决制约企业发展的人才瓶颈问题为落脚点，指导企业设立专家工作站、博士后创新实践基地、博士后科研工作站等人才平台载体，充分发挥平台载体对高层次人才的虹吸作用，帮助企业找政策、招人才、解难题，全面促进产学研结合和资源优势共享。充分利用浙大衢州两院、衢州市浙工大生态工业创新研究院等市、县创新主平台，加强校企合作、校地合作等。他们要立足湖镇经济发展现状与需求，出台镇级层面招引人才政策，加大引人留人育人力度；出台镇级层面招商引资政策，发挥湖镇的区位优势，积极走出去招引人才。走进高校招引人才。同时，与市县高校、技校合作，培养紧缺技能人才。深挖高层次人才潜力，聚集创新发展智力资源，对接全镇新建项目、科技园区，与属地、金融、税务、市场监管、公安等部门建立联动机制，与企业进行面对面深入交流，讲解高层次人才认定、津贴申报、职称评审等相关服务政策，有针对性地对科技创新型企业进行人才培育，帮助制定人才发展规划，实现外引金凤凰、内培栋梁才。

风正时济，自当破浪扬帆；任重道远，还需策马扬鞭。2023 年是全面贯彻落实党的二十大精神的开局之年，是"八八战略"实施 20 周年，湖镇镇将紧扣衢州市委打造"十个桥头堡"、建设四省边际中心城市目标,在去年高分报表的基础上,继续锚定一流、奋力抢跑,不断走深走实高质量发展之路,守正创新、顺势而为、主动作为,在中国式现代化的衢州实践中贡献湖镇力量。

[口述者官凯文,龙游县湖镇镇副镇长(工业)。]

第三节 在"守"中干,在"创"中谋,让老企业焕发新活力

一、推行 ERP 系统 提高企业管理质量

当今的时代,是一个经济全球化的时代,也是一个科学技术日新月异的时代,更是一个瞬息万变的时代,机遇和挑战并存。民营企业如何应对、如何发展,企业接班人尤为关键。未来数年将是中国企业陆续实现掌门人交接的时期。从外国留学回来后,范宇琪就职于杭州的一家外资企业,工作相对稳定,工资待遇也还算不错。但随着父母亲的年龄慢慢变大,整个企业的管理,难免会顾此失彼、力不从心。所以经过一番激烈的思想斗争,范宇琪最终还是选择回来,帮助父母打理整个企业。其实说心里话,范宇琪从小看着父母亲,每天辛苦打拼创业,风里来雨里去,任何事情都要亲力亲为,半夜回到家后都是一身的油污,那时候就想着自己长大了以后,能从事一份干净一点的白领工作,所以从国外回来后,她没有第一时间选择回来,而是选择了去大城市就业。或许随着时间慢慢流逝,自己的年龄也一点点增长,家人也一点点变老,自己一些观点和想法也会改变。2019 年年初,她下定决心,从跨国公司辞职,收拾行囊,回来帮助家里打理企业,让企业再上一层楼。

作为一家从农村里搬迁出来的企业,大部分员工都是跟她父亲打拼多年的老伙计,传统的那一套管理体制已经运行了二十多年了,很多观念也已经根深蒂固了。就拿最简单的公司每天生产日报表来说,都还是用手工记录统

计，再层层汇总的这种方式，不仅效率低，而且查询数据时，需要逐个逐个去对、去问，已经完全不符合现代企业生产的要求。所以，范宇琪回来后的第一个动作，就是从日常的管理入手，在整个公司上下推行ERP管理软件，从人工登记转变为电脑录入。这一步，其实走得也很艰难，毕竟这批老工人，入厂前都是面朝黄土背朝天的农民，电脑操作水平基本为零，26个字母都不认识。但企业要转型，效率要提升，这样的改革是必经之路。万事开头难，每天下班后，她都会组织召开学习会，从认识键盘开始，再一个一个字母开始熟悉。这个过程，很多人都想放弃，毕竟年纪这么大了，有的过两年可能都退休了，不想浪费这个时间学习这个东西。大家抵触情绪还是有的。但一直来，她的内心是非常笃定的，就是现代化的管理转型，一定要推进。经过一段时间的耐心指导，大家渐渐地进入了状态，学习的积极性也提高了不少，也从中体会到了现代化的管理体系，不仅可以减轻他们的劳动强度，而且可以更省心。一年后，ERP系统在整个公司的运行，就已经相当顺畅了，这样她平时的管理就相对轻松了很多。随后，会计，销售，采购，生产和库存等业务流程都集成到一个ERP系统中，跨组织收集和访问数据更加容易，从而简化了跨部门的工作流程。另外，ERP打破了部门之间的壁垒，将各部门的数据集成到ERP系统中，将每个部门紧密地联系在一起，使以前独立运行的团队可以轻松地与ERP平台内的其他团队进行协作。协作文化推动了整个公司创新和团队合作，并总体上使企业更具竞争力。这次成功的也让他对接下来的改革更有了信心。

二、招贤引才　为企业插上"腾飞之翼"

人才是企业发展的第一竞争力，是企业的中流砥柱，是企业的发展命脉。以前，都是她爸一人在厂里管理，技术要管、生产要管、人事要管，毕竟精力有限，而且年纪也越来越大了，逐渐有些力不从心了。所以，范宇琪回来后，人才招引这方面就开始重视起来。范宇琪也跟家里人算过账，一个好的管理人才，给公司带来的不仅仅是车间的井井有条，更多的是成本的节约，人工的节约和材料的节约。这些平时可能看上去不是很明显的地方，日积月累就是一个很大的量。所以通过这两年的沟通交流，老父亲也慢慢接受了她的新观念、新想法。2023年，两名有着丰富金属制品厂管理经验的职业经理人，正式上任了，她也跟他们表态说，工资不是问题，只要车间的生产效率上去，成本核算下来，后续各种福利待遇都会跟上去。这两名经理人以前是在金华一带的企业工作的，后来由于市场变动，企业经营难以为继，在了解情况后，她跟父亲一起，出高薪把这两人挖过来。初尝甜头，接下来，她也有了更大的计划，就是引进财务、销售、外贸等方面的高素质人才。这几年来，从市里，到县里，再到镇里，也相继出台了很多的引才、留才、育才的好政策，比如提供人才公寓，设立相应的人才经费补贴，等等。所以，她也有很大信心，通过人才招引，助力齐飞铝业再上一个新台阶。

三、政企合力　转型迈入新阶段

企业的做大做强，不仅是量的飞跃，更重要的是质的飞跃，作为传统的金属加工企业，在老一辈人的思想观念里，只要公司产品不出问题，客户不退货，就好了，就可以沿着这样的思路一直干下去。其实，作为全球市场化的今天，不进则退，特别像齐飞铝业这种技术含量相对较低的加工型企业，很容易就会被市场所淘汰。所以范宇琪回来后，在技改方面也是狠抓不放。第一步，着手开始申请国家高新技术产业，在科技、经信等部门的帮助下，从材料收集、表格填写，再到最后的验收，都由相关部门的工作人员手把手地教，遇到什么问题，他们也会帮她第一时间解决，再加上企业在这几年的发展过程中，不断加大技改投入，引进新设备、新技术，也积累了一定的科技成果，所以她们最终也拿下了国家高新技术企业的这张金字招牌，这也为她们出去谈生意时，增加了一枚重重的砝码。为了进一步提升公司的规范化管理水平，她又咬牙下定决心，申请了ISO9000质量管理体系认证，ISO9000品质体系认证机构是经过国家认可的权威机构，对企业的品质体系的审核要求非常严格。企业一旦取得了ISO9000认证证书，表明该企业在管理、实际工作、供应商和分销商关系及产品、市场、售后服务等方面已有一套完善的体系。同时，有了良好的质量管理，也有利于企业提高效率、降低成本、提供优质产品和服务，提高客户满意度。所以尽管一开始很多员工不适应、不理解、不支持，但她自己是横下一条心，一定要把这个认证通过。确实,每一次改革都是一次修行,范宇琪自己也是从门外汉,到局中人,一步一个脚印走过来,功夫不负有心人,经过一年多的努力,终于通过了认证,所以现在无论是内销还是外贸,有了这个认证证书,就可满足市场准入要求,很好地提高了企业的形象,增强了竞争实力。

四、传承"艰苦创业"精神　新征程上再创发展新荣光

在很多人眼里,像她这样的"企二代"应该是吃不起苦,甚至有点纨绔子弟的印象。其实经过了这些年的历练和传承,老一辈企业家能吃苦、敢创业、勇创新的品格和精神,也确确实实感染着她,激励着她。小时候父亲在干活中压断了两根手指头,但他没有一句怨言,好了以后依然是拼命干,这种拼命三郎的精神,也从小激励着她,要在传承中坚持主业、坚守实业,以青春力量推进"实业兴市"的步伐。

回家的这些年,整个湖镇的变化是翻天覆地的,不论是工业经济、镇域面貌、百姓生活、交通便利等等,都让人刮目相看,作为90后的她,也在一场场考验中淬炼自己,在进一步稳定父辈基业的同时,也打造着属于自己的辉煌。

(口述者范宇琪,浙江齐飞铝业有限公司副总经理,毕业于浙江理工大学纽约时装学院。)

第四节　"小微园"搭建企业发展"大平台"

一、布局龙游湖镇　跑出建设加速度

2020年1月7日,郭欢忠的公司正式与龙游县湖镇镇签约,同年4月18日智汇创谷小微企业园开工建设,这样的速度离不开当地优越的营商环境。自签约以来,龙游县县委县政府、湖镇镇党委政府第一时间抽调精干力量,会同他们投资方成立了项目推进专班,对标对表倒排时间,全程服务项

目决策咨询、方案评审论证、供地供电、规划施工许可等项目前期，专人协调历史问题处置、场地平整、绿化迁移、雨污水管调整、道路配套等问题，在新冠疫情影响的背景下，依然实现了3个月完成项目动工入库、6个月内完成启动4400平方米的城市客厅。2021年10月27日，一期一组团交付开园，同年12月31日，一期二组团交付开园。二期于2022年11月28日开工建设。这中间，其实他们也遇到了一些问题，也是非常考验政府能力的。他们项目一期交房时，原先的电力线路已经不能满足园区的用电需求，急需从10公里外的10kV变电站接电过来，其中要穿过315省道和浙赣铁路线，不仅施工难度大，更重要的是需要报省里审批，当时他们预估以最快的速度推进，大概需要6个月的时间，这样的话对整个园区的下一步推进，以及新入驻的企业生产，都会造成较大的影响。他们也第一时间跟镇政府进行了对接，镇里也非常地重视，成立了由经信、发改、工办等部门组成的服务专班，专门协调解决这一问题。说实话，当时他们对于镇政府到底多少时间能够解决这个问题，心里没有底，也是打上大大的一个问号。这也是郭欢忠到湖镇后，遇到的最棘手的问题，当时入驻的部分企业已经进入生产调试阶段，一旦电力供不上，就会给他们造成很大的影响，订单不能及时交付，客户流失。同时也会对他后期的招商，带来非常复杂的影响。这其实也是对湖镇镇党委镇政府到底能不能打硬仗，能不能啃硬骨头的一次检验，他们也是拭目以待。然而，令郭欢忠没有想到的是，专班工作人员只用了10天时间，就走完了所有的审批程序，电力部门也马上开始施工了。这样的速度，也是让他刮目相看，说实话，他们公司在很多地方都有布局，但湖镇这么好的营商环境，确实不多见，对湖镇这种敢闯、敢拼的精神和良好的政企关系他也是打心眼里佩服。不久，他们一号楼边上的一个30多米高的通信铁塔，也在短时间内完成了搬迁，这也更加坚定了他们公司在湖镇投资的信心和决心。

二、围绕主导产业精准招引　助力湖镇工业提质增效

项目落地之初，他们就跟政府定下来，落户小微园的企业必须是绿色的、环保的，必须围绕绿色食品、智能制造、新材料、特种纸等产业进行招引。为了让招商引资少走弯路，郭欢忠每次出去谈判时，镇里的应急、环

保、资规等部门，都会陪同他一起去，这样就可以从源头把关、审核。其实2020年他们开工建设以来，新冠疫情一直持续，这也给他们走出去带来了不便，但政府部门一直是他们的坚强后盾。2021年时，一家陕西的企业华实新材料，负责人是衢州本地人，一直在陕西创业，在了解了他们园区相关配套和优惠政策后，就想回家乡创业，落户到他们这里来。了解情况后，郭欢忠就跟相关部门组团出发，一起去对接，按正常来说，从衢州到陕西，一般5个小时左右就可以抵达，但受疫情的影响，他们足足花了16个小时。到达那里后，他们进行深入的交流，对方给他们提出了厂房的设计要求，郭欢忠也对对方公司生产的产品，以及生产工艺进行了详细的了解，确定对方的企业是符合他们整园区规划政策要求的，对方也对他们的地理位置以及园区配套等，都非常满意。就这样，双方达成了合作意向，对方马不停蹄地开始采购机器设备，郭欢忠也根据企业的需求，建设了量身定制的厂房，而且根据优惠政策，企业入驻园区后，其购买厂房的费用只需在3年内付30%，这样就大大减轻了企业的资金压力，也为这些发展前景好的初创型企业，提供了一定的孕育发展期。截至2023年3月，建州智汇创谷小微园已经招引了54家企业，其中16家已经正式投入生产，年产值突破了2.5亿元，绝大部分属于成长型企业。

三、以人为本　打造3.0未来产业社区

智汇创谷不只是在卖产品、卖厂房，更多的是在卖服务，为入驻的各企业和商家提供量身订制的服务。除了完善好基础设施等硬件配套，他们重点抓好软件服务，让入驻企业专注于厂区内的生产经营；做好"围墙外"的服务，他们成立了专业的运营公司，满足入驻企业的运营需求，比如在人才招聘、产业数字化升级、知识产权的申报与保护、企业股权融资、法律服务等方面，向客户提供更专业的人才团队。对于一些成长型企业，他们专门成立了定制服务专班，根据企业机器设备，对层高、柱网、荷载、电力、安防等特殊性要求，一对一服务，确保企业下单后，一年内能实现投产。

同时他们开展了助企纾困激活力、稳进提质促发展梯度培育工程，设立1000万元专精特新梯度培育奖励基金，助力入园企业创新及提升工程。专

门建立共享邻里中心，员工（新龙游人）不需要走出园区，就可以健身、运动、读书、交友。前期，他们为了解员工的生活习俗和饮食习惯，还组织员工试吃、点单，以员工反馈情况来调整共享食堂菜单，还组织丰富多彩的文化娱乐活动，让园区不仅是工作生产的地方，也成为更具人性化的生活场所，让员工工作开心、生活舒心，有家的感觉。

在项目运营上，郭欢忠他们通过走访近万家客户，排摸企业发展需求，结合龙游产业发展，立足于特种纸深加工、新材料与装备制造的产业定位，全力培育3.0未来产业社区。与传统的产业园区相比，3.0未来产业社区更加注重以人为本，空间更开放、企业生态更多元、社群交流更活跃。通过产业赋能、智慧管理、培训教育、交通物流、环保安防、员工生活、建筑规划、企业服务、社区治理等9大运营服务场景实施，来打造更具时代发展所需的产业社区。他想通过产城融合及运营服务场景的持续优化，汇聚各项资源要素，让更多的新龙游人，留在湖镇镇，助推湖镇发展。

四、"小微园"搭建企业发展"大平台"

小微企业是经济发展的活力源泉，更是经济高质量发展的根基。破解发展难题，加速新旧动能转换，小微企业是不可忽视的一股力量。他们的小微园有大配套，为企业发展赋能。目前建州智汇创谷小微企业园占地约318亩，总规划建筑面积约35万平方米，总投资15亿元。其实从开始到现在，他们一直秉承的观点是小微企业园规划布局必须科学合理，要有明确集中的、达到一定规模的物理空间；产业定位必须明确、集聚效应要明显，产业集聚度原则上要求在70%以上，主导产业力求精准，包括新兴产业集群，传统制造业改造升级；园区运营应摆脱老旧传统的"二房东"模式，园区的基础设施投入、环保安全生产制度建设、服务内容绩效等都将作为考评的重要依据。郭欢忠一直认为，小微园区其实就是一个工业平台，这个平台特色鲜明、亮点突出，在技术、人才、产业链等多个维度为小微企业构筑了发展"摇篮"。建设工业强市，大企业要抓，做到"顶天立地"；小企业也要抓，做到"铺天盖地"。小微企业创业创新的活跃度，被视为一个国家或地区经济发达程度的市场表现，但小微企业的成长之痛，也是各地亟待破解的难题。对湖镇而言，小微企业这个群体更不可小觑。湖镇经济新旧动能的加速转换，必须借助于一大批小微企业的提质增效。小微企业园，正是破"小微"发展难题的重要平台、新旧动能转换的重要阵地。守护小微企业中的"优质火种"，就是培育明天的独角兽企业。为企业助阵，为改革助威，为发展助力，期待更多小微园破土而出，更多小微企业转型提升，更多蝶变绽放在湖镇大地。

（口述者郭欢忠，龙游建州智汇创谷小微园执行总经理。）

第五节　龙游湖镇——创业者的乐园，外乡人的乐土

一、企业的快速发展为个人发展提供了广阔空间

黄俊杰是2020年7月份到浙江圣蓝新材科技有限公司工作的，最初就职这里最主要的原因是女朋友在这里上班，为了照顾方便，所以就从诸暨来到了龙游湖镇。说实话，他以前从来没来过这个地方，也不太了解这个地方，来了之后，第一感受就是这个地方环境非常优美，特别是灵山江的江水特别好。他每天都会跟女朋友一起，到江边走一走，看看这一江秀水，整个人的身心就会很放松，一天的疲惫感也会随风而去。同时，生活在这里各方面的配套也很齐全，是比较宜居的一个地方，来这里没多久，就逐渐爱上了这里。这段时间，他跟女朋友也一直在看房子，准备在龙游安个自己的家，以后有了小孩后，读书也可以更方便。

他在大学本科以及研究生阶段，学习的都是与静电方面相关的专业，来到圣蓝新材后，正值公司的快速发展期，他也见证了它从小微企业一步一步成长为规上企业，企业茁壮成长，也为像他这样的年轻人提供了广阔的发展空间。2020年到公司后，由于生产很忙，他们公司总经理等都是坚守在生产一线的，黄俊杰也是在车间一线熟悉产品门类、产品特性以及品质的把控。他通过一段时间的学习了解，对于整个公司的情况有了大致的了解，也

开始步入正轨。这时，公司领导也找到了他，让他担任品质主管，这个岗位背负着公司所有出厂产品的质量监测重任，虽然责任重大，但作为年轻人，他也是想闯一闯、试一试。担任品质主管，他首先就从流水线上的各个检验员开始抓，一有时间，他就会组织员工进行学习，把相关的工艺再熟悉，相关的指标再明确，相关的数据再细化。同时，大家一起讨论如何优化检验流程，能简化的简化、该加强的加强。通过大家的努力，这几年下来，整个公司产品的质量有了明显的提升。但他也始终知道，质量没有最好，只有更好，而且，随着公司的不断发展，每年都有很多款新产品推出，所以对于他这个品质主管来说，也是在学中干、干中学。首先他得自己先了解各个新产品的生产工艺、生产流程、生产要求，并根据新产品的特性，制作相应的检测夹具，再把检测全过程摸透，并形成文字，再教会各个流水线上的检测员。所以，每次新产品推出后，都是他最忙碌的时候，天天在车间里不断地试，不停地改，最终和大家一起努力，把各项工作做到位，确保出厂产品质量合格。这一过程有时候他也会感觉有点累，因为经常要加班加点。但每次完成任务后，再回过头来看，对他自身来说，都是一次突破，一次飞跃，收获颇丰，自己学的理论知识可以跟实践很好地结合，真正做到学有所用，学以致用，也能更好体现他个人的价值。

二、加入研发团队 为公司发展贡献更多力量

他们公司的李总，一直来都非常重视研发创新，每年的研发投入也是逐渐增加的。这两年，除了做好品质管理外，黄俊杰也参与到了研发中心的工作，成为新产品研发团队中的一员，对于公司为他们新人提供这样的平台，他由衷地感到欣慰，公司确确实实为他们这样刚刚毕业的大学生，提供了发挥才能的舞台，也让自己的一技之长可以完全地发挥。其实公司很多新产品都是在老产品的基础上，进行一些功能上的提升，黄俊杰一直在生产一线，对老产品存在哪些缺陷、哪些不足，都是第一时间了解、第一时间记录，也会第一时间汇报，这样跟其他研发人员一起坐下来讨论，接下来如何改进、如何提升，就能够更精准、更有针对性，可以少走很多弯路，所以大家经常说他是一座桥，架起了车间与研发中心的通道，这样让沟通更顺畅，也让研

发少走很多弯路。如今，公司的研发实力越来越强了，中心也从县级步入市级，预计2024年就可以拿到省级研发中心了，黄俊杰作为其中的一员，感到自豪与高兴。劳动创造美好，奋斗成就未来，每一份坚守奋斗，都拥有直抵人心的力量。

三、创业的沃土　成长的摇篮

湖镇，地处衢州东部，因多湖而得名，历史上曾有"十八埠头"之称，这里区位优势明显，精彩人文荟萃，是龙游县有名的商埠重镇。这里有东方商业综合体，是集购物、餐饮、休闲、文化功能于一体的新地标。同时，这几年来，湖镇镇将美丽城镇创建作为引领当地经济社会高质量发展的"一号工程"，全力构建工农互促、城乡互补、全面融合、共同繁荣的新时代浙西小城市，努力实现"工贸品质新城、古韵文化名城、幸福田园美城"的美丽家园。黄俊杰作为一名外地人，虽然来湖镇的时间不长，但明显感觉到湖镇越来越漂亮了，相关公共设施越来越完善，让老百姓的生活更方便了。黄俊杰感觉这里比很多县城都要热闹。美丽城镇不光要环境美，还需要产业支撑。作为龙游传统的工业重镇，湖镇镇坚持创新驱动，通过产业招商、专业招商，不断加快造纸、纺织、新材料等产业发展。所以，像他这样的大学生来到湖镇，有很大的发展空间，他也希望有更多的青年学子能来湖镇，来这里发展创业，你不会后悔。

（口述者黄俊杰，福建漳州人，杭州电子科技大学硕士研究生。现任浙江圣蓝新材科技有限公司品质主管。）

第六节　建浙西最大废旧金属回收加工基地，延伸环保产业链

一、产业发展壮大　短板亟须补齐

赖忠海是2002年开始从事废旧金属回收、加工、销售生意的，在这个

行业里也摸爬滚打了二十多年了。他的公司从最初的龙游一个基地，小打小闹开始，逐步发展成为6个基地，遍布全省的这样一个规模。但随着生意越做越大，很多问题也开始逐渐显现。第一，回收加工网点虽然已经遍布全省各地，但相对比较粗放，主要表现为整体加工效率不高，以人工切割操作为主，自动化程度较低。第二，废旧钢铁回收销售，按照国家接下来的规定，必须有工业和信息化部的许可证，才能进行回收加工流通，而想要取得这样的许可证，对于企业的硬件、软件要求都会大大提升，这也倒逼他们的企业必须要转型升级。第三，国家即将开始将废旧金属纳入期货交易范畴，想在这个市场里分得一杯羹，门槛很高，而且要有自己的实体生产基地，这也是他这两年要上马这个浙西最大废旧金属回收加工基地最重要的原因。

二、从纸面到地面的突破祥盛跑出湖镇速度

2021年年初，各项准备都差不多了，也跟龙游县里进行了对接，他就准备着手开干了，当时县里相关部门推荐他去湖镇，于是在县里的带领下，他就去湖镇镇考察了，镇里的工作人员也很重视，看场地、谈政策、话规划，镇里给的各方面优惠政策也让他很满意，于是当年年底就签订了意向书。2022年6月10日竞拍了土地，7天公示期结束后便顺利签订了《国有建设地使用权出让合同》和《企业投资工业项目"标准地"投资建设合同》，完成了项目备案。2022年7月13日，完成建设工程规划许可证、建筑工程施工许可证办理，开始厂房基础工程建设。短短33天，项目就完成了从"纸面"到"地面"的突破。也让他感受到了"湖镇速度"。这个必须给湖镇政府点赞。这期间，他基本上不用自己跑，有什么问题一个电话就能全部解决。2023年6月份，他这个新项目就可以进入试生产阶段了，预计到2023年年底，就可以正式投产了。全部达产后，预计年回收加工废钢铁可达100万吨、年产值近20亿元。其实有这样的速度，最主要的还是得益于湖镇镇政府进行的项目进度比晾晒，倒逼进度。而且政府的定期走访制和专班服务机制，为项目快落地、早建成提供了强大的保障。

三、依托便捷交通网　开拓外地新市场

龙游县湖镇镇是浙西东大门，处于金华、兰溪和衢州三角地带，杭长高铁、浙赣普铁穿境而过；浙赣铁路电气化复线、46省道穿镇而过；杭金衢高速、衢江横贯镇北，相距龙游港区约10分钟的车程，地理区位优势相当突出。当初下定决心投资1.56亿元在这里建厂，很重要的一个原因也是看中这里的交通区位优势，因为废旧金属体量大，运输成本是整个企业成本的重要组成部分，落户在湖镇，铁路、水路、公路等运输通道都有，他可以根据客户的实际情况，选择合适的运输工具。特别是龙游港区，离湖镇约3千米的路程，通过水运的话，不仅可以大大降低运费，更重要的是，通过这里可以直达上海、杭州、南京等大城市。而通过铁路货运，可以通往江西、福建等地。完全可以满足他们大宗货物运输的需求。这对于他接下来要开拓全国市场，意义非常重大，因为他有先天的成本优势，他的竞争力大大增强了，所以对于接下来的发展，他的信心是很足的。

四、做大做强产业链条　推动湖镇循环产业高质量发展

湖镇现有废旧电子产品拆解处理中心、报废车辆拆解市场等，循环产业的基础扎实，而且这两家公司就在他公司的边上，他们的废旧金属可以直接送到赖忠海这边进行再次处理，这样就可实现产业链闭环，形成了优势互补，公司省去了运输成本，提升了利润率，他这边又有了家门口的原材料供应商，生产就有了保障，可谓是双赢的局面。这二十多年做下来，赖忠海感觉可再生能源是一个有望获得大发展的新产业。前两年，国家发展改革委宣布，未来15年国家将投资1.5万亿元来发展可再生能源。这方面市场前景非常广阔，许多高校、科研院所和企业正在对可再生能源组织攻关，降低成本，提高效率和效益。当然，要实现这一目标，他认为离不开三个支撑。首先，科技支撑。循环经济发展离不开关键技术的突破。企业实现产业转型升级的核心是依靠科技创新，尽快从规模增长转向高质量发展，持续探索循环经济发展模式。其次，市场支撑。不断完善并有效执行循环经济的政策机制，建立起规范的市场体系，让企业产生内生动力，对发展循环经济的效果

可期待、可预测，积极主动参与进来。这也是他们循环经济产业研究中心团队这些年一直在努力攻克的难题，打通科技与市场的壁垒，实现有效对接与高效落地。最后，理念支撑。在全国大力推广和宣传绿色消费理念，通过10年到15年的时间树立起全民绿色消费理念，倒逼市场主体转向循环经济发展之路。第一，理念宣传，向企业推广宣传循环经济发展理念、模式及典型案例，引导企业深入了解循环经济的价值。第二，有关部门能够为企业提供可行的循环经济技术解决方案。第三，国家出台鼓励性财政、税收政策，对资源循环利用企业给予优惠和支持。从目前而言，这三个方面还做得不够，未来需要加大力度。

（口述者赖忠海，浙江祥盛环保科技有限公司董事长。）

第七节　用好区位大优势，积蓄发展新动能

一、高速发展过后　面临转型压力

湖镇是一个开放包容的地方，自古就是商贸重镇，也是工业经济发展较早、较快的地方。2000年左右，当时吴伟民还在龙游县环保局，所有工业项目环保评审都是从他这里走的，所以他对湖镇整个发展还是印象深刻的。从棉纺到五金，再到特种纸，湖镇经历10左右的快速发展期，一批民营企业家也成长起来了，金龙、君飞、恒祥等本地企业落户湖镇的工业园区，沃鑫、道明等周边地市企业家也随着山海协作工程推进，来湖镇投资兴业。他感觉当时湖镇工业经济在整个衢州地区来说，都是有一定影响力的，更是成为衢州连接金华地区的桥头堡。一批义乌、永康等地的产业外溢到他们湖镇，丰富了园区的产业门类，更提升了园区的竞争力。

2008年美国金融危机，还是留下了一些后遗症，尤其对于湖镇这种以传统产业为支撑的工业镇，出口一旦受阻，再加上内需疲软，产能过剩的问题就会凸显，部分企业生产经营就会陷入困境。这也暴露了湖镇工业在发展

过程中，存在质量不高、产业不强的短板，没有大的龙头支撑，虽然金龙纸业从量上讲，总量还算可以的，但其产品基本以原纸为主，附加值不高，所以一旦市场疲软，压力传导会很快。同样，湖镇的棉纺企业也有好几家，而且都属于比较老的企业，面临的转型压力也很大，虽然企业也进行了大刀阔斧的技改，也取得了一定的成效，但离高质量发展还有不小的差距。新时代、新征程上，对于企业也有了新的期望，同时对于政府也提出了新的要求，相关部门要围绕企业急难愁盼问题，靠前服务、主动担当，找准关键环节、打通制约壁垒，政企合力直面挑战，全力推动经济稳进提质增效。企业也要进一步深耕专业领域，有序推进精细化管理，持续提升数字化、自动化水平。政企合力，才能稳定各方预期，提振市场信心，让经济社会发展行稳致远。

二、突出区位优势　发展物流经济

龙游湖镇，衢江流过，古时建有十八个埠头，曾经是繁荣一时的水陆码头，也让湖镇成为一方富庶之地。眼下，湖镇境内有杭长高铁、浙赣电气化铁路、315省道、G60沪昆高速都穿镇而过，离龙游港区不到3千米。水运、陆运都相当方便。20世纪80年代的香烟市场，90年代的二手车市场，这两大市场的兴起，区位优势是其中重要的一个原因。所以，吴伟民的建议是接下来的5年到10年间，湖镇可以借力区位交通优势，打造一个现代化的物流园区，依托现有的物流设施，以及企业的物流车队等，一方面可以很好地服务本地企业运输需求，像棉纺、造纸等企业，原材料都需要从外地进来，有了本地的物流园区，可以大大降低他们的物流成本；另一方面也是进一步激活湖镇商贸物流业的发展，促进湖镇经济转型发展。特别是湖镇与金华、义乌接壤，大宗货物运输，水运相比其他运输方式，成本优势明显，所以他觉得这篇文章，湖镇可以好好做做。立足湖镇，可以辐射衢州、金华等地，这样交通物流桥头堡的作用就可完全发挥出来，湖镇一二三产发展也会更平衡。

三、做好提前量　谋划新蓝图

工业经济的发展，除了做好眼前，吴伟民觉得提前做好规划也是非常重要的一环。"人无远虑、必有近忧",这几年来,在新冠疫情冲击下,湖镇经济运行中的某些结构性、素质性矛盾正在暴露,湖镇经济也到了转型的十字路口,所以接下来的规划非常重要。新的五年,十年,国际形势变幻莫测,疫情后的经济走向仍不明朗,国外市场需求疲软,这就需要他们镇党委镇政府一任接着一任干,一张蓝图绘到底。他觉得重点要做好以下几个方面。

(一)强化创新,坚定不移走新型工业化道路。创新是企业在市场竞争中立于不败之地的制胜法宝,也是工业转型升级的根本出路。要在未来市场竞争中掌握发展主动权,必须把创新牢牢抓在手上,尤其是抢抓"中国制造2025"和"互联网+"战略机遇,坚定不移地走新型工业化道路,大力推进科技、管理和体制机制创新,充分激发传统产业振兴发展的动力和活力,努力走出一条质量更高、效益更好、结构更优的创新发展之路。

(二)深化改革,多措并举推动工业转型升级。要紧紧围绕供给侧结构性改革这个核心,持续推进"亩均论英雄",加快调整优化工业经济内部结构,尤其是在重大工业项目建设上,努力通过招商引资引进一批,通过政策引导培育一批,通过技术改造提升一批,通过严格标准淘汰一批,全力推动传统产业向品牌化发展、支柱产业向高端化发展、新兴产业向规模化发展,切实把经济的规模做大、质量做优。

(三)强化保障,积极营造创新发展良好环境。要加强对科技创新工作的组织领导,尽快建立完善科技创新议事协调机构。各地各部门要把实施创新驱动发展战略摆上重要议事日程,明确职责任务,制定实施细则,强化督导考核,推动工作落实,最大限度地激发科技第一生产力、创新第一动力的巨大潜能。

(四)培育壮大资源循环型产业。结合园区主导产业、区域资源禀赋等,实施再生金属、产品再制造、大宗固体废弃物及退役动力电池、光伏组件、风电机组叶片等新兴产业固废回收利用、环境基础设施补短板等领域项目,构建完善产业链条,提高绿色产业竞争力。提升废弃物循环利用能力。积极构建废弃物回收网络,实施废弃物规模化、规范化、清洁化回收、分拣、综合利用项目,因地制宜建设废旧物资回收分拣中心、再生资源加工利用基地和区域交易中心等,形成规范有序的回收利用产业链条。加强循环经济基础能力建设。建立园区循环经济工作组织机构，健全循环经济管理制度、激励机制；构建循环经济统计制度，建立循环经济评价指标体系，定期进行统计及管理。

（口述者吴伟民，龙游县经信局副局长。）

第八节　从文员到董秘，家乡的发展给了她个人发展的机会

郑洲娟在大学里学的专业是广播电视新闻，2011年6月份毕业后，她进入了杭州一家网络公司，从事网络编辑的工作，也算是跟专业有一定的关系。两三年干下来，大城市的快节奏，再加上工作中的获得感少，同时在与家人朋友的交谈中了解到，家乡龙游这几年的发展特别快，所以她就抱着试试看的心态，开始往家乡企业投简历。2014年10月，国庆节过后，她正式入职浙江恒达新材料股份有限公司，职位是文员，主要工作就是写一些材料，发一些通知，相对来说比较简单。但到了这里，让她印象最深刻的是整个公司的干事创业氛围非常好，大家互相之间非常融洽，老同志都会带着新同志一起干。也就在这一年，公司开始着手准备上市的工作，亟需各类专业人才，这时公司领导找到了她，就想让他担任董事会秘书一职，其实当时接到这个任务后，心里还是有一点忐忑的，毕竟她不是这个专业出身，也从来没有接触过这方面的内容，但公司领导对她非常信任，也鼓励他可以试一下，也许正是这份信任，让她暗暗下定决心，边学边做，要把这项工作做好。

董事会秘书主要负责公司信息披露，投资者关系管理，董事会、股东会安排等工作，对于专业知识的要求还是相当高的。为了能够尽快适应新的岗位，她争分夺秒地利用空余时间进行专业知识的查漏补缺，有机会就会参加各类专业培训，她在最短的时间内取得了相应的任职证书。证书的取得，只是第一步，其实企业上市是一个复杂漫长的过程，前期要做的事情也是海量的，无论是财务报表、管理规范等方面，都需要去改进、去完善，虽然也有

专业的中介机构来进行指导和帮忙，但大部分工作还是需要企业自身去完成。上市前，加班也是经常的事情，她也会和大家一起讨论要怎么改进，头脑风暴过后，经常会碰出火花，就这样随着一个一个难题被破解，那种获得感和成就感，让她找到了自己的职业目标，就是跟公司一起成长。

龙游这座城市，比起杭州、上海来，的确不算大，但是它可是有一座有着众多荣誉的城市，国家园林城市、生态县城、浙江新魅力城市等。作为龙游城市的副中心，湖镇镇不断激活集镇发展活力，增添城镇发展动力。"湖镇美丽城镇工作的目标是创建省级样板镇，将以'一路四带'的总体规划思路来实施。"该镇副镇长林秀华介绍，"一路"是依托童家公路桥头江港区交通要道；"四带"是湖中路集镇风光带、沙田湖大道产业发展带、沿白鸽湖旅游风光带、通济古街古埠文化带。美丽城镇不光要环境美，还需要产业支撑。作为龙游传统的工业重镇，湖镇镇坚持创新驱动，通过产业招商、专业招商，不断加快造纸、纺织、新材料等产业发展。就恒达公司来说，一家从事特种新型纸基包装材料生产与研发的高新技术企业，拥有多条国际先进水平的特种纸生产线，因此可以提供的岗位很多，而且许多技术研发岗位的待遇并不比别的城市差。除了她所在的恒达新材料即将上市外，这两年，龙游恒盛新能源主板上市、禾川科技创新板上市，实现了龙游工业经济新突破，这也是龙游发展越来越好的表现。如今的龙游，不管是生态工业的发展，还是美丽乡村的建设，都为青年施展才华提供了广阔的舞台空间，她也希望有更多的青年才俊能够到龙游来，一起建设更加美好的龙游。

（口述者郑洲娟，浙江恒达新材料股份有限公司董事会秘书，总经理助理。）

第九节　时代综述

一、总部经济和循环经济的实践启示

2023年恒达新材成功上市，这也为湖镇发展总部经济打下了坚实基础，

未来湖镇将从以下几方面努力发展总部经济。

发展总部经济的成功关键在于培养创新意识与提升领导干部的能力素质。湖镇要求各级领导干部具备紧跟时代的创新思维，通过学中干、干中学的方式，不断提高适应新时代的能力水平。这要求他们加快弥补知识空白、经验盲区和本领短板，以更好地理解总部经济的发展趋势，并找到最适合湖镇总部经济发展路径。这种创新的思维和行动将有助于湖镇在总部经济领域取得更为显著的成就，推动城市经济向更高质量、可持续的方向发展。

湖镇在发展总部经济时需同时注重抓取增量和优化存量。除了积极招引新的总部企业以增加经济规模，还要关注对现有资源的精耕细作，通过实施总部化战略提升资源的功能与地位。这意味着从工厂向总部、从制造向创造的转变，形成强链、补链、延链的格局。湖镇需要深入挖掘和发挥现有企业的潜力，促使它们在价值链上升级，从而提高对总部经济的贡献度。这种综合发展策略有助于湖镇在总部经济方面实现增量与存量的协同发展，推动经济结构向更高层次的转型。

湖镇认识到良好的营商环境是吸引总部企业的关键。为此，他们计划出台相关政策，以奖励总部企业，为其提供良好的经营环境。同时，湖镇也注重"软环境"的建设，包括个人、家庭的居住环境、高水平的教育和医疗资源等。这些方面的综合优势将进一步提升湖镇的综合竞争力，使其成为总部企业首选的落地之地。湖镇将不仅仅着眼于经济政策，还注重提供舒适的生活环境和高水平的公共服务，从而吸引更多的总部企业在湖镇生根发展。这一综合性的发展战略有助于将打造湖镇成为总部经济发展的理想之地。

二、湖镇发展循环经济的意义

（一）循环经济模式的有效实施为资源的集约化利用提供了显著的促进作用。与传统线性经济模式相比，循环经济通过引入再生技术，将废品和废料重新转化为可利用的资源，从而有效提高了资源的利用效率，避免了在传统模式下可能产生的资源浪费问题。

在循环经济中，废弃物不再被简单地视为终点，而是被视为资源的起点。再生技术的应用使得废弃物可以被有效地回收、再利用，进而用于生产过程中。这种转变使得原本被看作废弃物的物质重新回到生产链中，实现了资源的循环再利用，有助于提高资源利用效率。

循环经济模式的集约化利用不仅在资源层面产生积极效果，同时也对环境产生积极影响，减少了对自然资源的过度开采和环境的污染。因此，循环经济的实施不仅仅在经济层面上具有意义，也在推动可持续发展和生态平衡方面发挥了重要作用。

（二）循环经济的实施显著降低了生态环境的污染。通过废品废料的再利用，循环经济模式有效减少了对自然资源的过度开采和加工需求。传统的线性经济模式往往导致大量的资源直接用于生产，而产生的废品和废料常常被排放到自然环境中，导致环境破坏和生态系统受损。

在循环经济中，废弃物不再成为污染源，而是成为再生资源。这一转变有助于减少对原始资源的需求，减缓了自然环境的压力。废弃物的再利用和再生使得生产过程更为高效，同时降低了对环境的不良影响。废弃物更加高效地利用减少了污染物的排放，有助于维护生态平衡，降低了生态环境受到的压力。

因此，循环经济的推行不仅有助于资源的有效利用，同时也是降低生态环境污染的重要手段。这种环保型的经济模式为可持续发展提供了有效途径，有助于创造更加清洁、健康的自然环境。

（三）循环经济的实施为企业带来了显著的经济效益。通过废品废料的再利用，企业能够降低采购成本，因为一部分原材料可以从内部循环获得，减少对外部资源的依赖。同时，循环经济降低了生产成本，通过有效的废弃物管理和再生利用技术，企业减少了废弃物处理的费用，提高了资源的利用效率。

实践循环经济有助于企业提升技术水平和管理能力，使其更好地适应环境变化和市场需求。企业在推动循环经济的过程中，需要不断创新和改进技术，引入先进的废弃物再生技术和清洁生产方法，从而提高生产效率和产品质量。这种技术创新同时也有助于企业在市场竞争中保持竞争力。

循环经济的实践不仅有助于企业降低成本，还为其提供了更加可持续的经营模式。通过减少资源浪费和环境污染，企业在社会上树立了良好的企业形象，满足了消费者对环保和可持续发展的需求。这种积极的社会形象有助于企业更好地融入市场，拓展业务，为长期经济健康发展奠定了基础。

（四）循环经济的实施不仅在企业层面带来经济效益，也为工业园区的可持续发展提供了有力支持。通过废弃物交换和能源共享等协同发展手段，企业之间形成了生态产业链，实现了资源的共享与协同利用。这协同发展的模式不仅提高了资源的利用效率，还加强了工业园区的经济活力和整体竞争力。

废弃物交换使得一个企业的废弃物成为另一企业的资源，形成了闭环生态系统。这不仅减少了园区内企业对外部资源的依赖，还降低了整体的废弃物处理成本。能源共享进一步加强了协同发展，通过共享能源资源，提高了能源利用效率，降低了能源成本。

生态产业链的形成使工业园区更具可持续性。企业之间的协同发展不仅加速了工业园区的经济增长，还降低了对自然资源的依赖，减少了对环境的冲击。这种可持续的经济模式有助于工业园区更好地适应未来的发展需求，为可持续发展奠定了基础。因此，循环经济为工业园区提供了有益的发展路径，推动其朝着更为可持续的方向发展。

（五）循环经济的实施有助于推动工业园区的绿色化进程。通过清洁生产技术的广泛应用和生态产业链的建设，工业园区得以实现更为环保和可持续的发展。清洁生产技术的推广减少了生产过程中的污染物排放，有助于改善园区内的环境质量，从而提升绿色化水平。

建设生态产业链使得工业园区内的企业更加注重资源的循环利用，减少了对自然资源的过度开采。这有助于降低园区的生态足迹，保护生态系统的健康。同时，企业在生产过程中更多地使用可再生能源，减少对传统能源的依赖，进一步推动了绿色化进程。

工业园区的绿色化不仅有助于提高环境质量，还能够吸引更多的绿色投资和绿色产业。越来越多的投资者和企业愿意支持绿色发展，工业园区因此能够更好地融入绿色经济体系，在可持续发展方向上取得更为显著的成就。

综合来看，循环经济的实施为工业园区创造了绿色化的发展机遇，通过环保技术和生态产业链的构建，促使工业园区朝着更加可持续和绿色的未来迈进。

　　湖镇在过去几年持续深化改革，聚焦产业升级和招商引资，成功打造了一系列项目，促进了产业结构的优化和可持续发展。未来，湖镇有望在数字化、绿色化、集群化的战略引领下，继续吸引高质量的产业项目，推动经济实现更高水平的发展。招商引资和园区建设的成功经验将成为湖镇在经济发展道路上的宝贵财富，为湖镇构建现代产业体系、提升城市品质奠定坚实基础。湖镇的未来发展充满希望，势必在更广阔的舞台上展现出新的活力。

后 记

湖镇工业发展的口述研究完成之际,我感到非常欣慰和骄傲。在这部记录湖镇人民奋斗历程的著作中,我们深入挖掘了湖镇工业发展的点滴历程,见证了这个小镇工业从无到有,从弱到强的崛起。在这里,我对参与本著作的每一位贡献者表示诚挚谢意。

首先,感谢湖镇的企业家们。是你们的勇气和拼搏精神,让湖镇工业腾飞。你们的坚守初心、不懈努力,为湖镇工业的成功作出了巨大贡献。你们是湖镇工业发展的中坚力量,也是这个故事的主角。

同时,感谢湖镇镇委镇政府及有关部门的领导和工作人员。是你们提供了良好的政策支持和优越的发展环境,为企业的繁荣创造了有利条件。政府与企业的合作成为湖镇工业腾飞的重要支撑。

最后,要感谢所有参与口述史访谈的人们。是你们的敞开心扉,分享了宝贵的经历和见解,使得这部著作更加生动丰富。你们的亲身经历是湖镇工业发展历程中珍贵的一笔。

这部口述史不仅仅是关于湖镇工业的历史,更是一部记录着湖镇人民拼搏奋斗、锐意进取的生动篇章。希望这个故事能够激励更多地区,为工业发展贡献湖镇式的智慧,书写新的辉煌。再次感谢每一位贡献者,愿湖镇工业发展之路越走越宽广,期待更多美好的未来!

苑立军
2023 年 12 月 18 日

附　录

附录1　关于同意建立湖镇镇工业园区的批复

湖镇镇人民政府：

你镇上报的《关于要求建立湖镇镇特色工业园区的报告》悉，经县政府常务会议研究，原则同意建立湖镇镇工业园区。现将有关事项批复如下：

一、抓紧做好《湖镇镇总体规划》的修编工作。要按照与十里坪经济发展相接轨的目标，把十里坪区域纳入湖镇镇的总体规划。同时要抓紧做好湖镇镇工业园区的详细规划的编制工作。

二、明确工业园区的功能定位。近期要按照发展机械紧固件、纺织羊毛衫、化工油漆三个特色产业的目标，做好区位功能的划分和特色园区的建设工作。今后视工业园区发展情况，增加特色产业的功能区位。

三、加强对工业园区的组织与管理。要以镇政府为主，县政府有关职能部门配合，实行联合办公制，一个口子管理，一个口子收费，强化镇政府与所涉及部门的配合，合力建好工业园区。各相关部门要制定相应的政策和管理办法，支持湖镇镇工业园区的建设，湖镇镇工业园区内的企业可享受县政府出台的工业开发区有关优惠政策。

四、湖镇镇政府要把建设工业园区作为全镇经济发展工作的重中之重来抓，加强组织领导，落实切实的管理运行机制和工作目标责任制，认真及时抓好政策处理、用地关系协调工作，加大招商引资工作力度，各有关部门要大力支持，使湖镇镇工业园区尽快形成规模，为湖镇镇乃至全县工业经济的发展构筑好平台。

龙游县人民政府
二〇〇〇年三月二十七日

附录2　关于湖镇工业园区一期工程的立项批复

湖镇镇人民政府：

　　湖镇（2000）第 24 号《湖镇工业园区建设要求申请立项的报告》悉，为加快园区建设步伐，促进工业经济发展，经研究，同意湖镇工业园区一期工程立项，总占地面积 30 亩，其中土建面积 9800m^2，项目总投资 720 万元，建设资金自筹解决。

　　接文后，请抓紧与各有关部门联系，办理相关手续，委托方案设计，积极筹措资金，争取项目早日开工建设。

　　此复。

龙游县计划与经济委员会
二〇〇〇年七月十九日

附录3　关于同意成立龙游县金盛经济发展有限公司的批复

湖镇镇人民政府：

　　你镇上报的《关于成立龙游县金盛经济发展有限公司的报告》悉，经县政府研究，原则同意成立龙游县金盛经济发展有限公司。现将有关事项批复如下：

　　一、公司性质为有限责任公司，注册资金 80 万元。

　　二、公司实行独立核算，自主经营，自负盈亏。

　　三、公司主要职能是为湖镇工业园区开发建设搞好配套服务，资金运筹。但公司所筹集资金要用于工业园区的滚动开发，不得介入竞争性行业的经营与投资。

请你镇按照有关法定程序，及时办理公司相关注册登记手续。

龙游县人民政府办公室
二〇〇〇年八月十八日

附录4　关于湖镇工业园区收费的批复

湖镇工业园区管委会：

　　你委报来"关于要求核定湖镇工业园区收费实行优惠政策的报告"悉。根据县政府《印发（关于龙游工业开发区、湖镇工业园区发展的若干政策意见）的通知》（龙政发〔2000〕32号）和县政府9月28日县长办公会议决定，现批复如下：

　　一、工业园区入园投产前的收费项目及标准见附表一。

　　二、工业园区入园投产后的收费项目及标准合并为综合服务费，实行工业园区管委会一个口子收费，其收费标准为企业年销售额的1‰，按附表二所列的收费项目及标准由工业园区管委会在区内切块分成。

　　三、凡在工业园区入园的中介服务收费按龙政发〔2000〕32号文件规定收取。即：涉及企业的中介服务收费，必须贯彻自愿的原则，经开发区管委会审核，一律按低限的30％收取。

　　四、本批复自开园之日执行。

　　此复。

龙游县物价局
二〇〇〇年九月二十八日

附录5　龙游县湖镇工业园区招商引资全程代理办法

　　湖镇工业园区建设是我镇农业和农村现代化建设的战略重点，也是构筑县域经济发展平台，实现县域工业主中心的具体措施。在县委、县政府有关部门的支持下，园区已完成规划编制和论证、项目立项、初期基础设施建设和招商等工作。为保持良好的发展势头，给投资者创造更佳的投资兴业环境，吸引更多的县内外人士来园区发展，特制定招商引资全程代理办法：

一、全程代理服务的对象和范围。在园区内投资办厂、经商和从事第三产业的投资者，在国家政策允许范围内，从引进到投产前项目建设全过程的代理与服务。

二、全程代理服务的内容。为投资者代理房地产证手续、投资项目的立项和审批、工商注册登记、税务登记、银行开户手续、用电、用水、环保等各种证照的申领、咨询及释疑等服务。

三、全程代理服务的方式与职责。当接到投资者要求审批代理要求时，代理人应向其说明必须提供的相关资料，在收到完整资料后，按承诺。"帮助企业在十五天内办理所需的有关手续"。为落实责任，保证办事效率，园区管理委员会确定三名全程代理员。（具体代理方式附后）

四、认真执行县人民政府龙政发〔2000〕32号《关于加快龙游工业开发区、湖镇工业园区发展的若干政策意见》的通知精神，主动加强与有关职能部门的协调，使政府规定的在园区各项优惠政策充分发挥并落到实处，使投资者享受到实实在在的优惠。

五、加强协作，营造优良投资环境。工业园区三个部要加强协作，按照"优环境、低成本、高效率、讲信誉"方针要求，确保每项工作落实到位。在千方百计加快基础设施等硬件投资建设的同时，注重提供优质务软件建设，建立健全跟踪服务制度，营造一个优良投资环境。使投资者来园时称心，生产（运行）时顺心。

龙游县湖镇工业园区管理委员会
二〇〇〇年九月二十二日

附录6 关于高山蔬菜腌制厂改制的指导意见

龙游县高山蔬菜腌制厂：

高山村经济合作社：

我镇镇属企业改制工作已进入尾期，为把我镇企业改制工作向村办企业延伸，现就你村的村办蔬菜厂提出如下指导意见：

集体企业改制工作是我镇今年发展农村经济的重点，深化企业改革势在必行，为了促进你村工业经济的发展，明确政企分离，蔬菜厂要进行改制，实现经济主体转换。企业改制中如一步暂时不能到位，可实行先租后拍卖的形式。有关具体工作由镇企办帮助指导并落实。

湖镇镇人民政府
二〇〇一年一月七日

附录7 关于新光蔬菜厂企业改制的指导意见

新光村经济合作社：

我镇镇属企业改制工作已进入尾期，为把我镇企业改制工作向村办企业延伸，现就你村的村办蔬菜厂提出如下指导意见。

集体企业改制工作是我镇今年发展农村经济的重点，深化企业改革势在必行。为了促进你村工业经济的发展，明确政企分离，蔬菜厂要进行改制，实现经济主体转换。企业改制中如一步暂时不能到位，可实行先租赁后拍卖的形式，有关具体工作由镇企办帮助指导并落实。

湖镇镇人民政府
二〇〇一年一月三日

附录8　龙游县人民政府关于进一步加快小微企业园建设的实施意见

各镇、乡人民政府，各街道办事处，县政府各部门，直属各单位：

为加强小微企业园建设管理，拓展小微企业发展空间，推动低效企业改造提升，促进工业经济转型升级，根据《中共浙江省委办公厅浙江省人民政府办公厅关于加快小微企业园高质量发展的实施意见》（浙委办发〔2018〕59号）、《浙江省人民政府办公厅关于促进小微企业创新发展的若干意见》（浙政办发〔2018〕59号）精神，经县政府常务会议研究同意，决定对《龙游县人民政府关于加快小微企业园建设的实施意见》（龙政发〔2018〕113号）部分条款进行修改。现就进一步加快小微企业园建设提出如下实施意见。

一、总体要求

1. 指导思想。加快小微企业园高质量发展，把小微企业园建设作为解决小微企业"低散乱"问题、促进其健康成长重要抓手，坚持高起点规划设计、高标准推进建设、高质量集聚项目、高效能管理服务，推动小微企业转型升级、区外企业搬迁改造、低效企业改造提升、"四无"生产经营单位集中整治，促进小微企业入园集聚、创业创新、安全绿色发展。

2. 发展定位。小微企业园是由政府统一规划，各类主体开发建设，集聚效应明显，产业定位明确，配套设施齐全，运营管理规范，生产生活服务健全，企业入园成本合理，为小微企业创业创新和成长壮大提供的生产经营场所，具有准公共属性。

3. 总体目标。到2022年，建设提升小微企业园20个以上，实现绩效评价全覆盖，入园（含各类园区、标准厂房）集聚小微企业500家以上，培育"专精特新"企业100家以上，实现"小升规"企业100家以上，新增科技型小微企业100家以上，整治"低散乱"企业（作坊）200家以上，基本完成低效企业、区外小微企业改造提升，形成布局合理、服务优质、各具特色的小微企业园高质量发展新格局。

二、规划布局

4. 新建规划。根据经济开发区平台空间布局，结合我县主导产业培育和小微企业发展需要，统筹规划布局小微企业园。在现有昌业房产和富民标准厂房2个小微企业园基础上，规划新建4个以上小微企业园。新建生产制造类小微企业园一般占地面积不小于100亩或建筑面积不少于10万平方米，容积率1.5以上。

5. 改建规划。由具有一定容积率和标准厂房面积的企业申请，规划改建8个以上小微企业园。改建生产制造类小微企业园一般占地面积不小于50亩或建筑面积不少于3万平方米，容积率1.2以上，产权不准分割销售，入驻企业10家以上，能提供基本配套服务。

6. 产业园规划。根据主导产业发展配套需要，由龙头企业带动，新建改建6个以上产业园（特种纸、高端装备、高端家居、机器人、新材料、新型建材等）。

三、规范建设

7. 完善基础设施。小微企业园要建设完善的消防、安全、环保、仓储、物流、电力、供水、供热、供气、通信、网络等基础设施，在园内或周边安排必要的商务、办公、宿舍、餐饮等生产生活服务配套设施。具有一定规模的小微企业园实现物业专业化管理全覆盖。鼓励有条件的小微企业园建设集中喷涂等共享工程中心，配备高效治污设施。

8. 规范项目审批。对小微企业园建设项目，按照"最多跑一次"改革要求，依法办理规划建设、用地、消防、能评、环评、水土保持方案等手续，除特殊工程和交通、水利、能源等领域的重大工程外，实行即时一并办理施工许可证、质量安全监督手续和人防工程质量监督手续，竣工验收备案一次联合办理。推行以园区为单位统一开展"区域能评＋环评＋水土保持方案"，对符合条件的项目和企业实行简易程序。在符合国家有关规定的前提下，鼓励新建的生产制造类小微企业园提高用地容积率和建筑高度，建设"垂直工厂"和"空中园区"。

9. 鼓励多元开发。鼓励以政府主导开发为主，工业地产开发、龙头企业开发、企业联合开发、专业机构开发、村集体联合开发等模式为辅，建设小微企业园。鼓励跨区域合作，建设"飞地"模式小微企业园。支持利用闲置厂房、仓库等空间整体改造，建设小微企业园。

10. 规范租售管理。依照法律和有关规定，明确小微企业园生产经营用房租售比例、租售价格、转让条件，防止炒作。在符合规划的情况下，可按照土地出让合同约定分割并依法办理不动产登记，入园企业购置或租用的厂房、非生产性用房及配套宿舍应当自用。未按土地使用权出让合同规定的期限和条件投资开发、利用土地的，不得转让或出租。

四、开发管理

11. 建设指标。新建小微企业园工业地产类项目容积率在1.5以上，非生产性配套用房占地面积不超过园区计算占地面积7%，非生产性配套设施建筑面积不超过园区总建筑面积15%。不同地块的公开挂牌出让指标由规划、国土部门确定。

12. 自持比例。工业地产类项目开发主体自持比例原则上不低于总建筑面积的20%且不可销售和转让，其中自持非生产性用房不低于总建筑面积的5%，自持年限与土地使用年限一致。

13. 分割标准。生产性用房最小销售单元为一层，且最小销售面积500平方米以上。职工宿舍和厂房必须捆绑销售给入园企业，并捆绑登记过户，不得单独转让抵押。

14. 限价销售。限价销售。本着"保本微利"原则，合理确定项目建筑成本以及销售价格。通过竞地价、限房价，小微园产权销售均价应控制在成本上浮20%以内，由县政府办公室牵头发改局、财政局、经信局、资规局、住建局、审计局、监管办和经济开发区及相关属地乡镇（街道）对其售价进行审核。小微企业必须先通过项目决策咨询才有资格入园。

15. 限定转让。入园企业购得厂房必须自用，如需转让产权的，入园企业须经决策咨询同意后方可受让，受让方应符合入园标准。

16. 合同管理。为加快小微企业园建设进度，确保项目业主承诺落实到位，经济开发区或属地政府应与小微企业园建设单位或改建企业签订小微企业园项目管理合同，明确用地的产业要求、开竣工时间、投资强度、投产初始运行时间、企业入园、企业退出、产值税收以及违约责任等内容，并负责对合同约定事项进行跟踪管理。

17. 履约保证。经济开发区或属地政府对小微企业园项目建设、入园企业等约定事项进行履约管理，对未履约的行为，按照合同约定追究违约责任。

五、运营管理

18. 设置运营主体。积极探索所有权与经营权相分离的经营管理模式，由开发主体负责建立产权清晰、职责明确、具有独立法人资格的小微企业园运营机构（物业管理公司），完善各项管理服务制度。积极鼓励行业龙头企业、行业协会或专业园区运营商等参与小微企业园运营管理。

19. 加强物业管理。小微企业园项目开发主体必须按约定负责保障和维护项目内配套设施，满足入驻企业所需条件，对园区实施统一的物业管理，建立各小微企业园物业专项维修资金和物业保修金，保障公共设施的正常使用、维修。

20. 规范企业入园。严把企业入园关，小微企业园招商要制定入驻企业审核规定和准入条件，建立小微企业园产业项目负面清单，依法严格审查能耗、安全生产、环境保护等事项，小微企业项目必须通过决策咨询才能入园。入园企业必须依法登记注册、合法经营、依法纳税，必须符合产业政策导向、园区产业定位和节能、环保、消防和安全生产等有关要求，必须具备法定的生产经营许可资质或依法通过审核审批。

21. 加强服务指导。支持小微企业园建设公共服务平台，鼓励各类公共服务机构入驻，为入园企业提供商务办公、产品设计、网络营销、技术开发、产品检测认证、法律、信息咨询、教育培训、仓储物流、融资服务等公共服务。

22. 加强企业管理。依法加强对入园企业安全生产、环境保护、产品质量、节能降耗等方面的日常监管。小微企业园投入使用后，应按规定进行备案，并定期将运营情况及有关重大事项报所在地管理部门和经信部门。鼓励小微企业园建立入园企业评价体系，依据评价结果实行优胜劣汰。

六、培育服务

23. 严格企业入园条件。要科学制定小微企业入园条件，鼓励产业链上下游企业和配套企业入园集聚发展。支持创新型、科技型、成长型、"专精特新"企业或同步实施技术改造的小微企业及搬迁企业优先入园。对亩均效益综合评价排位末档或未达到其他约定条件的已入园企业，及时予以整改；对整改仍不达标的依法依规倒逼退出。除科创类项目外，入园企业工业项目固定资产投资一般要求在200万元以上，税收承诺按建筑面积不低于120元/平方米。

24. 促进入园企业健康成长。集中代办入园企业行政审批和服务事项。鼓励对新入园企业给予一定期限、一定比例的租金优惠。实施小微企业梯度培育计划，引导小微企业向"专精特新"发展，加快"小升规、规改股、股上市"，培育一批"隐形冠军""单项冠军"和独角兽企业。对因生产经营场所不能满足成长需要的入园企业，要及时帮助解决出园发展的空间问题。

25. 倒逼企业入园发展。加快区外小微企业搬迁集聚和低效企业改造提升。开展安全、环保、用地、节能、质量等专项执法和联合执法，依法依规全面整治"低散乱"企业（作坊）。对法律法规明确关停、整改无望或整改后仍不达标的企业（作坊），依法通过兼并重组、破产等方式出清。推进亩均税收1万元以下的低效企业改造提升，倒逼企业转型升级入园发展。

26. 加大公共服务供给。加快中小企业公共服务平台向小微企业园延伸覆盖。支持小微企业园为入园企业提供政务代办、政策法律咨询、创业辅导、项目路演、人才招聘、展览展示等公共服务；引进专业服务机构提供财务代理、人才培训、融资担保、知识产权、研发设计、安全生产、检验检测等服务。支持有条件的小微企业园创建产业创新服务综合体，申报国家级小型微型企业创业创新示范基地和国家级科技企业孵化器。培育引进一批专业化园区运营机构，规范小微企业园运营管理，支持连锁运营，打响品牌。符合条件的运营机构可申报国家级、省级中小企业公共服务示范平台。

27. 建设数字化园区。建设小微企业园信息管理系统和电子地图。鼓励推广应用园区智慧管理平台，实时采集园区人流、物流、能耗、环保、产能、消防和生产安全等相关数据，提高管理效率；依托平台引进和部署成熟的设计、管理、财务、仓储、营销等软件工具，方便入园企业应用。

七、扶持政策

28. 加强用地保障。统筹当年新增建设用地、历年批而未供土地、存量建设用地等，加强小微企业园建设用地保障，做到应保尽保。对通过盘活存量建设用地建设小微企业园的，纳入存量建设用地盘活挂钩范围。支持经济开发区以土地使用权作价出资或入股方式供应标准厂房、科技孵化器类小微企业园。

29. 开发建设奖励。对落户湖镇镇新建小微企业园工业地产类项目固定资产投资5亿元以上的，项目取得施工许可证并基础完工后，可给予开发主体最高7万元/亩奖励；对达到项目投资承诺的，前3年每年按其缴纳税收（增值税、土地增值税和企业所得税）县级地方财政贡献部分的65%贴补；第4年至第6年，每年按其缴纳税收（增值税、土地增值税和企业所得税）县级地方财政贡献部分的40%贴补。

运营政策奖励。①对首次被评为省五星级、四星级小微企业园的，分别给予50万元、30万元奖励。对入园企业培育为规模工业企业，给予运营机构2万元/家的奖励。②新建（含改建）小微园建设期满〔新建固定资产投资（不含入驻企业固定资产投资，下同）亿元以下的小微园建设期自土地挂牌成交之日起12个月，固定资产投资亿元（含）以上的建设期自土地挂牌成交之日起24个月；改建固定资产投资亿元以下的小微园建设期自出具项目决策咨询意见书之日起12个月，固定资产投资亿元（含）以上的建设期自出具项目决策咨询意见书之日起24个月〕后，再给予2年的发展过渡期，自过渡期满之日起5年，给予小微企业园运营机构亩均效益奖励，具体为：小微园综合亩均实缴入库税收达到10万元/亩（含）以上的，按土地使用税、房产税（出租部分）县级地方财政贡献部分50%的标准奖励；亩均实缴入库税收达到20万元/亩（含）以上的，按土地使用税、房产税（出租部分）县级地方财政贡献部分80%的标准奖励。该奖励在年度绩效评价完成后兑现，评价分数在60分以下或D类的，取消当年享受资格。

30. 入园奖励政策。入园企业给予2年过渡期，入园企业首次达到规模以上（年主营业务收入2000万以上）企业标准的，按县相关政策给予一次性升规奖励。

①现有区外企业入驻小微企业园的，自入园后三年内达到规模企业标准，对于租赁企业，给予企业入园三年内租金补助，按照每年每平方米60元补助（补助面积按实计算，每年最高不超过5000平方米）。该项补助在企业入园的第四年兑现。

入园企业达到规模企业标准，同时亩均税收达到承诺的，按上一条进行租金补助的基础上，再给予县级地方财政贡献奖励。即企业入园后六年内，以入园企业前三年缴纳的县级地方财政贡献（增值税、企业所得税）平均数为基数，按超基数部分的50%给予贴补。企业当年租金补助加县级地方财政贡献奖励合计不超过企业当年县级地方财政贡献（增值税、企业所得税）总额。

②入驻小微企业园的新注册企业，自入园后三年内达到规模企业标准，对于租赁企业，前三年租金按照每年每平方米60元补助。（补助面积按实计算，每年最高不超过2000平方米）。该项补助在企业入园的第四年兑现。

入园企业达到规模企业标准，同时亩均税收达到承诺的，自企业入园后五年内，给予企业县级地方财政贡献（增值税、企业所得税）50%的奖励。企业当年租金补助加县级地方财政贡献奖励合计不超过企业当年县级地方财政贡献（增值税、企业所得税）总额。

以上奖励除明确兑现年度外，均在次年申报兑现，政策享受期内企业退规、提前退园或亩均税收低于承诺的，取消当年享受资格。

31. 创新融资服务。银行业金融机构要把支持小微企业园及入园企业发展作为金融服务实体经济的重要内容，推广普惠金融服务模式，可在有条件的园区或就近设立小微企业专营支行。金融机构可在符合信贷政策的前提下，比照重点工业项目或基础设施建设项目，对小微企业园开发建设贷款进行授信管理。推广融资租赁、供应链金融、"政府＋银行＋企业＋担保"合作等金融服务模式。鼓励金融机构利用相关信息系统，根据入园企业生产经营信息给予授信和贷款，满足企业厂房按揭、技术改造等融资需求。发展面向小微企业园和入园企业的政策性融资担保业务。鼓励园区运营机构或引入专业投资机构为入园企业提供股权融资、债券融资等多元金融服务。

32. 优化财税支持。小微企业园开发建设的土地增值税按现有规定从低预征。小微企业园在国家规定的范围内可适当降低物业维修基金缴存标准。入园的"小升规"企业按照有关规定享受财政支持、税费优惠、社保补贴、亩均效益综合评价过渡期等扶持政策。入园时同步实施技术改造的企业，可享受相关政策。

八、组织保障

33. 加强组织领导。建立龙游县小微企业园高质量发展工作联席会议制度，由县政府分管领导担任召集人，研究协调重大问题，审核政策兑现及项目方案。有关小微企业园发展的计划编制、统计分析、目标任务分解与督促检查、年度考核等日常工作，由联席会议办公室（设在县经信局）负责。经信、发改、科技、财政、人力社保、资规、生态环境、住建、税务、市监、应急管理、统计、金融服务中心、人民银行、银保监等有关部门要根据职责制定具体配套政策，形成工作合力。经济开发区要明确目标任务，加快规划区块出让，完善项目推进建设机制，推动小微企业园高质量发展。

34. 开展绩效评价和考核。实施小微企业园及入园企业亩均效益综合评价。研究制定小微企业园绩效评价指标体系及实施细则，客观反映小微企业园发展质量和水平。加强工作考核，将小微企业园高质量发展工作纳入县委、县政府重点工作年度考核内容，强化专项工作督查考核。

35. 加强宣传推广。充分发挥新闻媒体的宣传、引导和监督作用，宣传小微企业园建设动态，及时发布小微企业园供需信息。通过召开现场会等形式，及时总结推广各地经验与做法，为推进全县小微企业园建设管理工作营造良好氛围。

九、附则

36. 本意见自 2020 年 2 月 10 日起施行。原《龙游县人民政府关于加快小微企业园建设的实施意见》（龙政发〔2018〕113 号）同时废止。

龙游县人民政府
2020 年 1 月 7 日

附录 9　龙游县人民政府关于印发龙游县工业企业"亩均效益"综合评价办法的通知

龙游县工业企业"亩均效益"综合评价办法

为加快推动企业转型升级，引导资源要素向优势产业、优势企业集中，根据《浙江省人民政府关于深化"亩均论英雄"改革的指导意见》（浙政发〔2018〕5 号）《浙江省人民政府办公厅关于深化制造业企业资源要素优化配置改革的若干意见》（浙政办发〔2019〕62 号）等文件精神，特制定本办法：

一、评价范围

全县范围内占用（租用）国有工业用地的工业企业，新供地建设期内企业（地块）除外。

二、评价指标

（一）规上企业：亩均税收、亩均增加值、单位能耗增加值、单位排放增加值、R&D 经费支出占营业收入之比、全员劳动生产率。

（二）规下企业：亩均税收、亩均营业收入。

三、计分方法

规上企业、规下企业按其评价指标分别计分，参与评价的规上企业为纳入浙江省统计联网直报平台申报对象的企业（含评价年度退规企业），规下企业为上述情形之外的其他企业（含评价年度小升规企业）。综合评价得分为单项指标得分之和乘以修正系数，再加上加分项。单项指标得分为该指标评价年度的数据除以基准值再乘以权重。

（一）指标权重分设置

规上企业：亩均税收占 30 分、亩均增加值占 25 分、单位能耗增加值占 15 分、R&D 经费支出占营业收入之比占 15 分、全员劳动生产率占 10 分、单位排放增加值占 5 分。

规下企业：亩均税收占 70 分、亩均营业收入占 30 分。

（二）指标基准值设置

规上企业：亩均税收 15 万元/亩，亩均增加值 80 万元/亩，单位能耗增加值 2 万元/吨标准煤，单位排放增加值 200 万元/吨，R&D 经费支出占营业收入之比 3%，全员劳动生产率 30 万元/人·年。

规下企业：亩均税收 5 万元/亩，亩均营业收入 100 万元/亩。

基准值实施动态调整，根据全县工业企业近三年发展情况，由县"亩均论英雄"改革工作领导小组确定。

（三）计分规则

亩均税收、亩均增加值指标最高得分为权重分的 2 倍，其他单项指标最高得分均为权重分的 1 倍，最低为 0 分。企业某项指标为负值或空缺的，该项得分为 0 分，但下列情形除外：企业主要污染物排放量为 0 或空缺的，单位排放增加值得分按权重分赋分。

（四）修正系数

以企业为单位，税收实际贡献超千万元的企业评价时给予一定修正系数。评价年度内，税收规模 1000 万元（含）－3000 万元、3000 万元（含）－5000 万元、5000 万元（含）－1 亿元、1 亿元（含）以上的，分别乘以 1.1 倍、1.2 倍、1.3 倍、1.4 倍的修正系数。

（五）加分情形

1. 亩均税收超额加分。规上企业以亩均税收 30 万元为基数，规下企业以亩均税收 5 万元为基数，每增加 1 万元/亩加 0.2 分，最高加 5 分。

2. 亩均税收超率加分。亩均税收 5 万元（含）以上的企业，以亩均税收增长率 15% 为基数，每增加 1 个点加 0.5 分，最高加 5 分。

3. 亩均增加值超额加分。规上企业以亩均增加值 80 万元为基数，每增加 5 万元/亩加 0.2 分，最高加 5 分。

4. 亩均增加值超率加分。亩均增加值 40 万元（含）以上的规上企业，以亩均增加值增长率 6% 为基数，每增加 1 个点加 0.5 分，最高加 5 分。

5. 规模总量加分。规上企业产值超 5 亿元（含）的加 5 分，产值连续两年在 1 亿元（含）以上 5 亿元以下且增长率 10%（含）以上的加 5 分，产值增长率排名前 10 位的 1 亿元以下企业加 3 分。

6. 企业技改加分。评价年度完成固定资产投资额 5000 万（不含）以内的（以统计入库数为准），以 1000 万元得 2 分为基数，每增加 100 万元加 0.2 分，最高加 10 分。

上述情形加分在系数修正后计入。

（六）扣分情形

1. 亩均税收负增长扣分。亩均税收连续两年负增长的，每减少 1 个百分点扣 0.1 分，最多扣 3 分。

2. 亩均增加值负增长扣分。规上企业亩均增加值连续两年负增长的，每减少 1 个百分点扣 0.1 分，最多扣 3 分。

上述情形扣分在系数修正后计入。

四、分类排序

（一）分类类别和比例

工业企业分规上企业、规下企业开展评价。规上企业按照综合得分从高到低进行排序，按比例分成 A、B、C、D 四类；规下企业按照综合得分从高到低进行排序，按比例分成 B、C、D 三类。

1. A 类：重点发展类。指资源占用产出高、经营效益好、转型发展成效明显的企业：综合排名在前 15%（含）的规上企业。

2. B 类：鼓励提升类。指资源占用产出较高、经营效益较好，但转型发展水平有待进一步提升的企业：综合排名在前 15%－65%（含）的规上企业，综合排名在前45%（含）的规下企业。

3. C类：帮扶整治类。指资源利用效率偏低、综合效益不佳，需要重点帮扶、重点整治的企业；综合排名在前65%－90%（含）的规上企业，综合排名在45%－90%（含）的规下企业。

4. D类：限制淘汰类。指发展水平落后，综合效益差，需重点整治、淘汰的企业；综合排名分别在规上、规下末10%的工业企业。

排名占比出现小数点的按四舍五入计算，规上、规下企业评价类别实施动态管理。

（二）特别调整规则

以企业综合评价得分为基础，先按比例分类，再按特别调整规则进行调整，调整顺序为：先降档，再提档，后定档。降档、提档、定档企业数不占比例。符合多个调整规则的，按调整顺序执行；符合多个降档条件的，可同时执行；符合多个提档条件的，只能选择一个最高条件执行。因发生较大及以上安全生产、环保污染事件的企业不执行提档，结果以降档或定档后类别就低原则确定。拟降档、提档、定档企业名单，由企业所在辖区和相关部门提交至县"亩均论英雄"改革工作领导小组办公室（下称县亩均办）审定。

1. 降档

以下五类企业在比例分类的基础上降低一档：①比例分类为A类，但亩均税收低于上一个评价年度规上企业亩均税收平均值（以上一个评价年度综合评价绩效分析报告公布的数据为准，下同）或税收规模在300万元以下的规上企业；②比例分类为B类的规上企业，但亩均税收低于上一个评价年度全县工业企业亩均税收平均值或税收规模在50万元以下的规上企业；③比例分类为B类的规下企业，但亩均税收低于上一个评价年度全县工业企业亩均税收平均值60%或税收规模在20万元以下的规下企业；④发生较大及以上安全生产事故、环保污染事件的企业；⑤受节能监察行政处罚的企业。

2. 提档

以下四类企业比例分类为B类以下的提至B类：①新三板挂牌企业；②省隐形冠军企业；③衢州市龙头企业和标杆企业；④国家高新技术企业。

符合下列情形企业在比例分类的基础上提升一档：评价年度固定资产投资统计入库 5000 万元（含）以上的企业。

3. 定档

以下五类企业直接定为 A 类：①本地 A 股上市企业；②进入上市辅导期企业；③主营业务收入 10 亿元（含）以上并符合亩均税收 15 万元（含）以上且亩均增加值 80 万元以上企业；④制造业单项冠军企业；⑤经认定的其他需要定为 A 类的企业。

以下五类企业直接定为 D 类：①通过出让获得工业用地使用权 20 亩（含）以上，自签定土地出让合同之日起满 5 年仍未上规的工业企业，其中地块内租赁有注册并正常生产经营的规上工业企业除外；②通过司法拍卖、资产转让、股权转让获得工业用地使用权 20 亩（含）以上，自完成资产或股权转让之日起（以《工业性资产转让和企业合并或分立股权变更登记咨询服务意见表》中县咨询服务办签发时间为准，下同）满 3 年仍未上规的工业企业，其中地块内租赁有注册并正常生产经营的规上工业企业除外；③评价年度亩均税收 2 万元（不含）以下企业，该标准实行动态调整，其中亩均税收 1 万元（含）至 2 万元（不含）的企业从 2022 年开始执行；④列入评价拒不参评或规定期限内未及时完成上报数据的企业；⑤未经项目决策咨询、备案等规范程序自行租赁场地生产的企业。

4. 豁免

符合下列情形之一的，不列入 D 类：

（1）依据国民经济行业分类属于电力、燃气、热力、水的生产和供应业、垃圾焚烧、污水处理等承担公共服务职能的企业。

（2）年主营业务收入 2000 万元（含）以上且纳入规上企业储备库的企业。

（3）评价年度的上一年开办的租赁经营企业，开办时间为营业执照上的开业日期，变更租赁经营地址和重新核准（备案）生产经营项目除外。

（4）评价年度的上一年通过司法拍卖、资产转让、股权转让获得工业用地使用权的企业。

（5）首次纳入浙江省统计联网直报平台申报对象的企业。

（6）评价年度完成固定资产投资额 500 万（含）以上的企业，具体投资额以统计入库数为准。

（7）其他规定的情形。

（三）其他

1. "一地多企"情况，同一块土地上注册有多个工业企业法人单位的，对产权所有人以地块进行评价，产权所有人与租赁企业同类经济数据合并计算；对租赁企业以独立法人进行评价。

2. "一企多地"情况，需将企业所有实际用地（含外租生产加工、仓储、物流用地等）进行合并后评价。

3. 集团公司与子公司可以申请单独评价或者合并评价，选择合并评价的以合并财务报表数据为准，未申请视同默认单独评价。子公司与母公司最终评价结果一致。

4. 企业生产、销售分离且销售企业名下无登记国有工业用地的，经税务部门认定与该生产企业产品相关的税收收入，允许合并计入进行评价。

5. 新供地企业以及存量企业新取得出让地块给予 2 年建设期，其中固定资产投资 3 亿元以上且签订合同（协议）的给予 3 年建设期，建设期内企业（地块）不作为评价对象。涉及评价结果运用的按主导产业、非主导产业参照享受第二档企业（B 类）、第三档企业（C 类）资源要素差别化配置政策，合同或协议已有约定的从其约定。上述企业申请要求列入综合评价且实际评价结果高于建设期政策标准的，按就高原则享受政策。

五、评价流程

（一）对象确认

县市监局负责提供评价年度内所有在册的工业企业名单（包括工业企业名称、注册地址、注册时间以及社会信用代码证等基础信息）和评价年度内注销企业名单；县统计局负责提供规模以上工业企业名单；县资规局负责提供工业企业产权面积清单；县亩均办牵头相关部门甄别后确定最终评价对象。

（二）数据采集

按照"谁主管、谁统计、谁负责"的原则，相关部门根据职责分工登录龙游县"亩产效益"大数据平台（以下简称大数据平台）录入数据。

县统计局负责核实提供规模以上工业企业行业分类、工业增加值、综合能耗、研究开发费用、年平均职工人数，首次纳入浙江省统计联网直报平台申报对象的企业名单及评价年度内工业企业固定资产投资数据。

县税务局负责录入并核实企业净入库税收（14类税种）、营业收入、营业成本、营业利润、利润总额等数据。

县资源规划局负责录入并核实企业用地性质、产权面积，提供新供地企业名单及供地面积、供地时间等数据。

县经信局负责提供制造业单项冠军企业，省隐形冠军企业，衢州市龙头企业，衢州市标杆企业，年主营业务收入2000万元（含）以上且纳入规上企业储备库的企业，评价年度内新上规、小升规、退规、资产（股权）转让企业名单。

市生态环境局龙游分局负责录入并核实企业主要污染物排放权、实际排放量数据，负责提供有发生较大及以上环保污染事件的企业名单。

县应急管理局负责提供有发生较大及以上安全生产事故的企业名单。

县科技局负责提供有效期内高新技术企业名单。

县发改局负责提供节能监察行政处罚企业名单。

县金融服务中心负责提供本地A股上市企业、进入上市辅导期企业、新三板挂牌企业及相关企业名单。

国网龙游供电公司负责核实企业用电量数据。

县水务集团、浙江新北园区开发有限公司等供水单位负责核实企业用水数据。

恒盛能源股份有限公司、龙游县金怡热电有限公司、华电浙江龙游热电有限公司、龙游中机新奥智慧能源有限公司等热力供应企业负责核实企业用汽数据。

龙游新奥燃气有限公司等天然气供应企业负责核实企业用气数据。

企业属地乡镇（街道）、开发区负责通知辖区内企业及时登录大数据平台进行数据补充和校对；对未经工业项目决策程序的企业进行合法性、合规性核查；对辖区内企业用地面积（含租赁面积分摊）、土地用途、关联企业及重组企业、电表户号、各类数据等情况进行调查、核对。负责提供以下三类企业名单：①通过出让获得工业用地使用权20亩（含）以上的，自签定土地出让合同之日起满5年仍未上规的工业企业，其中地块内租赁有注册并正常生产经营的规上工业企业除外；②通过司法拍卖、资产转让、股权转让获得工业用地使用权20亩（含）以上的，自完成资产或股权转让之日（以《工业性资产转让和企业合并或分立股权变更登记咨询服务意见表》中县咨询服务办签发时间为准）起满3年仍未上规的工业企业，其中地块内租赁有注册并正常生产经营的规上工业企业除外；③未经项目决策咨询、备案等规范程序自行租赁场地生产的企业。

（三）数据校核

对存在异议的数据，由相关职能部门进一步核实，确认数据无误的及时向企业反馈，确认数据需要修正的及时在大数据平台予以修正。

（四）公示发布

县亩均办对企业综合评价得分汇总核算、分类排序，并进行公示。公示结果经县政府审定后，在本地主流媒体上公布。非企业自身原因未纳入年度综合评价的，由企业提出申请，县亩均办按照评价程序，确定相应评价等级。

（五）评价要求

亩均效益综合评价工作每年开展一次，负责数据、名单提供的相关职能部门原则上于每年4月底前将上一年度相关数据录入大数据平台，并及时做好企业申报数据的核实反馈。数据及名单确定后，及时将纸质版材料加盖公章后报县亩均办。加快推进数据协同共享，在保证数据安全前提下，推动企业税收、用电、排放等多维度数据实现与大数据平台的共享共用。企业按照相关通知要求及时在大数据平台做好数据确认，并对真实性负责。因不及时确认影响评价结果的由企业自行承担责任。

六、结果应用

各有关部门要依据企业亩均效益综合评价结果，在资源要素配置上按照A类优先保障，B类积极支持，C类相对控制，D类严格限制的原则，依法依规制定实施用地、用电、用汽、用气、排污等资源要素差别化政策，推进资源要素向优质企业集聚，提升资源要素利用效率。

七、组织保障

（一）加强组织领导

县政府成立龙游县"亩均论英雄"改革工作领导小组，由县长任组长，分管县领导任副组长，成员由县经信局、发改局、财政局、税务局、资源规划局、统计局、市生态环境局龙游分局、应急管理局、市监局、科技局、金融服务中心、林业水利局、人力社保局、经济开发区、湖镇镇、人民银行、国网龙游供电公司、水务集团、恒盛能源、新奥燃气等单位主要负责人组成。下设领导小组办公室（设在县经信局），承担协调、管理等日常工作，建立差别化政策落实协调机制。各有关部门要充分认识开展深化"亩均论英雄"改革的重要意义，切实把综合评价工作作为推动工业高质量发展的重要举措。

（二）强化督查考核

有关部门要加大督查考核力度，将工业企业亩均效益综合评价及结果应用工作纳入到对各乡镇（街道）、经济开发区等有关部门年度工作目标责任制考核内容。县督考办要对工业企业亩均效益综合评价及结果应用工作情况开展督查。

（三）加大宣传力度

各部门、乡镇（街道）、经济开发区要加大工业企业亩均效益综合评价的宣传力度，深入企业做好有关政策的解释说明，做好企业转型升级发展的指导和服务工作，积极交流、总结推广。宣传部门要充分发挥舆论宣传职能，宣传先进企业、先进单位、先进区域的先进经验和做法，营造良好的舆论氛围。

八、其他

本办法自2021年7月30日起实施。本办法实施后，原《龙游县人民政府关于深化"亩均论英雄"改革的实施意见》（龙政发〔2018〕39号）同时废止，县政府已公布的有关政策与本办法不一致的，以本办法为准。本办法实施过程中，上级或县政府出台新的规定，按新规定执行。

附件：工业企业亩均效益综合评价的有关指标计算方法及说明

附件
工业企业亩均效益综合评价的有关指标

计算方法及说明

一、亩均税收（单位：万元/亩）

亩均税收＝评价年度净入库税收合计/用地面积

评价年度净入库税收合计是指会计年度内税务部门实际净入库的税费合计（即评价年度实际缴纳税款－评价年度各类退税金额）。评价年度净入库税收包括正常申报、自查补报、纳税评估的税收和发生的免抵调库金额，不包括委托代征税款、稽查补缴税款、滞纳金、罚款。

税（费）种包含：增值税、消费税、企业所得税、个人所得税、房产税、城镇土地使用税、土地增值税、印花税、城市维护建设税、车船税、资源税、教育费附加、地方教育附加、环境保护税。其中：增值税实际入库数＝增值税直接净入库税收＋生产型出口企业发生的"免抵"税额（含应调未调部分）。

用地面积：以依法取得为前提、实际占用为原则，指年末企业实际占用的土地面积，包括自有土地面积和租入土地面积，企业出租土地面积不扣减（经申请同意土地分开评价情形除外）。用地面积＝已登记用地面积＋承租用地面积。其中：

（一）已登记用地面积：是指企业经资源规划部门登记的土地面积。企业部分用地处于建设期内，评价时核减相应地块的面积。

（二）承租用地面积：1.企业依法租赁取得的实际用地面积，若企业租赁标准厂房或无法准确计算用地面积，则根据企业租赁的建筑面积与容积率之比计算企业租赁的用地面积；2.出租工业企业依法依规将自用土地或厂房出租给其他企业的用地面积，出租用地不得改变企业土地用途，出租企业合并评价指标需提供租赁合同和双方承租关系确认书作为依据。

二、亩均增加值（单位：万元/亩）

亩均增加值＝工业增加值/用地面积

三、单位能耗增加值（单位：万元/吨标煤）

单位能耗增加值＝工业增加值/综合能耗

四、单位排放增加值（单位：万元/吨）

单位排放增加值＝工业增加值/主要污染物排放量

主要污染物排放量数值首选采用环境统计数据，未纳入环境统计企业按排污许可证登载的排放量数据。对未纳入环境统计或排污许可证管理的企业，污染物排放量数值由企业如实填报。主要污染物指标应包括化学需氧量、氨氮、二氧化硫和氮氧化物等。

五、R&D 经费支出占营业收入之比（单位：%）

R&D 经费支出占营业收入之比＝研究开发费用/营业收入

（一）研究开发费用：指研究与试验发展内部经费支出；

（二）营业收入：指企业从事销售商品、提供劳务和让渡资产使用权等生产经营活动形成的经济利益流入。

六、全员劳动生产率（单位：万元/人·年）

全员劳动生产率＝工业增加值/年平均职工人数；

年平均职工人数：指企业年度平均从业人员数。

七、亩均营业收入（万元/亩）

亩均营业收入＝营业收入/用地面积

龙游县人民政府
2021 年 6 月 26 日

附录 10 关于进一步加强招商引资工作的意见

"扩大开放、借力发展"、是振兴区域经济最现实的选择和最有效的途径，是实现我镇跨越式发展的必由之路。为了深入开展"招商引资年"活动，切实加强招商引资工作，镇委、镇政府特提出以下意见。

一、统一思想，提高认识，把招商引资工作作为"一号工程"来抓

"谋求发展靠自己，加快发展靠招商"，是先进地区发展的经验总结。它充分地说明，区域经济的发展是招商引资的发展，区域经济的竞争是招商引资的竞争，区域经济的差距，实际上也是招商引资的差距。因此，对于尚属欠发达地区的我镇，招商引资工作就显得特别重要和紧迫。湖镇经济要加快发展，必须扩大开放，借助外力，借助外脑，实行大力度的招商引资，招才引智。它不仅可以弥补我们发展当中的资金、设备等物质要素不足问题，而且可以引进我们所缺乏的先进理念、技术、市场等市场要素，实现我镇跨越式发展。招商引资必须抢抓机遇、抢占先机。在经济全球化和世界性产业结构调整步伐明显加快的形势下，我们必须紧紧抓住我国加入WTO的有利时机和国外投资者看好中国、港澳台资转移内陆以及国内发达地区产业梯度转移的态势，开展全方位的招商引资工作，在新一轮招商引资热潮和竞争中抢占先机，求得大发展。因此，全镇干部群众都要高度认识招商引资工作的重要性和紧迫性，把招商引资工作作为"一号工程"来抓，形成全镇上下合力抓招商引资的浓厚氛围，争创我镇招商引资工作新辉煌。

二、理清思路，明确目标，积极开展全方位招商引资工作

招商引资要立足于我镇实际，不仅要全方位、多领域招商，更要突出重点招商。因此，我镇招商引资工作总的思路是：坚持以工业招商为重点，以工业园区为主要载体，以推动主导产业的形成为主要方向，以项目招商为主要手段，把招商引资工作由以工业为主延伸到工业、农业、集镇建设、交通、水利、旅游、教育、卫生等各个领域，实现全方位、大容量招商引资的目标。

初步的实践证明，湖镇工业园区是接受发达地区产业梯度转移，实现招商引资的有效载体，必须充分利用园区造纸和紧固件行业的优势，加大力度招商引资，努力推进我镇工业进程。在招商引资工作中，要注重产业引

导,有意识地通过招商引资培养紧固件、蛋鸭蛋鸡、水产、花卉等主导产业;要重视项目编制和包装,做实项目强招商,要通过自来水厂、古街古塔(寺)、三叠岩、启明小学、别墅小区等项目的编制和招商,进一步拓展招商领域。

招商引资工作要突破思想瓶颈,树立全新的引资观念,要明确不仅是到市场中去捕捉商机是招商,积极向上争取也是招商;不仅是引进外资是招商,引进镇外企业也是招商的理念。更要明确招商引资的目光不能仅仅放在内陆发达地区上,而要重视港澳台资和外国投资者的招商。同时,要改进招商方式,实现由间断性招商向常年招商转变,由等客上门向主动出击(实施"走出去"战略)转变,由传统展会招商向委托招商(向社会聘任50名信息员,委托他们捕捉招商信息)、代理招商(由各驻外机构代理联系招商)、网上招商(利用好湖镇网站和农技110系统,发布、采集招商信息)转变,由园区工作人员常规招商向专业队伍招商(选调数名素质好、有能力的镇干部常年驻外招商)转变。

今年,我镇招商引资的预期目标是:工业园区保3500万元,争4000万元,并确保引进一家千万元以上的投资项目;农业招商保600万元,要求每个办事处150万元;社会事业项目招商争取达到560万元。

三、强化措施,形成合力,确保招商引资工作取得实效

(一)加强领导,重视招商。全镇各级领导干部要牢固树立招商引资"一号工程"的思想,真正把主要精力集中到抓经济建设、抓招商引资的关键环节上来,形成一把手抓招商引资的局面,各办事处总支、各村党支部及各职能部门的主要领导要担当起招商引资第一责任人的重任,加强对招商引资工作的领导,切实制订好本单位(部门)的招商引资计划和措施,组织开展招商引资活动,全面完成引资任务。

(二)依托园区,载体招商。工业园区是推进我镇工业化进程的突破口,是实现有效招商引资的载体。园区招商要优化招商环境,重点要进一步拉大园区框架,在现有400亩的基础上,再落实800亩熟地,以随时接纳企业入园;要加快园区基础设施建设,尽快落实园区自来水厂、区内高低压电网布

局、西干道硬化等项目建设。同时，要完善全程代理等服务制度，以优质的软硬环境展开新一轮的招商。园区招商要立足于自己独特的优势，要充分利用和发挥好省级紧固件专业区的优势，吸引县内外乃至省内外紧固件行业向园区集聚；要利用恒达纸业入园的契机和年内将从社阳水库引进优质水到园区的优势，吸纳更多的造纸行业入园。园区招商要加强力量，要从镇干部中再选调一批有能力有事业心的年轻干部，充实到园区工作班子，加强招商引资力度。

（三）包装项目，定位招商。项目是招商引资的关键。没有项目，招商引资难以成效。为此，我们要组织精干力量，突出抓好项目规划和包装工作，拓展招商领域。要集中包装好对我镇主导产业发展有推动作用的重点项目。如现有企业技改扩大的万吨纳米涂料项目、农业上的蛋鸭蛋鸡养殖及禽蛋产品加工和水产、花卉项目，集镇建设上的自来水厂建设、启明小学迁建、别墅小区项目，旅游上的古街古塔（寺）、三叠岩风景区等重点项目。并以项目为载体，组织定位招商，实现"人家赚钱，我们发展"的双赢效果。

（四）完善政策、灵活招商。要开放、开明、开通、开窍，进一步完善招商引资的优惠政策。工业园区要视投资者单位面积的投入量、技术含量和地价贴补的回报期等综合因素，完善地价贴补政策、以其科学合理的地价指数，实行一事一议的地价贴补办法，达到灵活招商的效果。

（五）落实任务，激励招商。全镇各级要围绕我镇引资任务，有重点地开展招商引资工作。镇班子领导和镇工业园区管委会、镇工办以工业招商为主；各办事处、镇农办、各村以农业招商为主；镇有关职能部门以社会事业招商为主。要逐层分解引资指标，做到各办各村有引资目标，每个干部都有引资任务。要进一步完善招商引资工作机制和激励机制，专门制订招商引资责任制考核办法和完善镇目标管理责任制，建立以招商引资为主的责任考核导向，实行招商引资重奖重罚和一票否决的办法（具体细则另文下发），努力推进我镇招商引资工作。

中共湖镇镇委员会
湖镇镇人民政府
2002 年 3 月 6 日

附录11　湖镇镇招商引资奖励办法

各办事处、办公室、镇属各部门、各规模企业：

为了进一步调动全社会参与招商引资工作的积极性，推动湖镇工业园区的快速发展，推进湖镇工业化进程，根据县委［2002］103号文件精神，特制订本办法。

一、目标与任务

（一）总体目标：2002年全镇工业招商引资目标为3500万元，力争4000万元，从该办法下发之日起年内必须完成单个千万元以上的项目1个。

（二）任务分解：各办事处、各办公室招商引资额任务各100万元。

二、指标说明

（一）招商引资是指从镇外引进本镇工业性项目。

（二）招商引资投资额的认定以实际到位投资额（形象进度）为准。

（三）认定的时间一般以项目竣工投产时为准或以年终为准。

三、奖励办法

（一）县外引进的按实际完成招商引资额的6%予以奖励，镇外县内引进的按实际完成招商引资额的3‰予以奖励。其中30%用于奖励招商引资直接初始引进人员，70%用于奖励其他有功人员。

（二）自该文下发之日起，对县外引进单个千万元以上的项目和县内镇外引进的单个千万元以上项目分别再嘉奖2万元和5000元用于奖励有功人员。

（三）凡所有为湖镇工业园区或湖镇区域内工业招商的有功人员均享受该政策，对镇、村两级干部在招商引资工作中有突出贡献的除享受该政策外，镇党委、政府将予以通报表彰，并作为年度考核的重要依据。

（四）招商引资是指固定资产的投资额，不含流动资金，招商引资在50万元以上的适合本办法，对零星项目不作奖励。

四、其他

（一）县外招商引资的实际投资额由县招商引资领导小组办公室审核，其奖金来源由县财政下拨，县内镇外招商引资的实际投资额由湖镇工业园区管委会审核，报镇班子会议通过，其奖金来源由湖镇工业区管委会列支。

（二）对下文之前已经从县外招商引资进入湖镇工业园区的项目（或企业）的有功人员参照本办法执行。

中共湖镇镇委员会
湖镇镇人民政府
2002年5月10日

附录12　关于建立镇班子成员联系工业重点工作制度的通知

各办事处、办公室、有关企业、来料加工大户：

为了进一步推进湖镇工业化进程，突出发展主题，形成"合力扶工""合力扶园"的浓厚氛围，着力转变政府职能，帮助企业及来料加工大户解决在发展中存在的实际困难，营造良好的投资环境，深入开展"招商引资年"活动。经镇党委、镇政府研究决定，建立镇班子成员联系工业重点工作的制度。

一、工作内容

根据县委、县政府对工业工作要求以及2002年度工业考核办法，结合本镇实际，2002年工业重点工作内容为：招商引资工作、重点技改项目建设、为企业服务、来料加工大户的提升与发展、规模企业的培育。

二、工作制度

根据工业重点工作内容，列出全镇重点技改项目，重点入园企业、来料加工大户以及规模企业，分别由镇班子成员挂钩联系。

（一）每个班子成员要始终把招商引资工作作为贯穿全年中心工作来抓，积极捕捉信息，积极参与招商引资工作，熟练掌握工业园区的各项政策，加强招商引资技能的学习与锻炼，千方百计为工业园区招商引资作出贡献。

（二）每个班子成员至少每月一次深入所联系的入园企业、重点技改项目、来料加工大户和规模企业，加强与他们的联系和沟通，及时了解掌握他们的运行情况，倾听他们的意见和要求，掌握不同发展阶段的困难与问题，帮助解决困难与协调方方面面的关系，着力为他们搞好服务，促进企业的发展，加快技改项目的进度，加速来料加工大户的提升。

三、工作要求

建立镇班子成员联系工业重点工作的制度是开展转变作风年和调查研究年活动的有效载体，是开展"招商引资年"活动的具体措施，每个班子成员要高度重视该项工作，切实为企业和来料加工大户的发展尽力。同时，希望各有关企业和来料加工户加强工作监督，保证该项工作制度落到实处。

中共湖镇镇委员会
湖镇镇人民政府
2002年5月25日

附录13　浙江省人民政府办公厅关于加快"腾笼换鸟"工作的实施意见

各市、县（市、区）人民政府，省政府直属各单位：

为贯彻落实《浙江省人民政府关于加快"腾笼换鸟"促进经济转型升级

的若干意见（试行）》（浙政发〔2012〕49号）精神，经省政府同意，现提出如下实施意见：

一、深刻认识"腾笼换鸟"工作的重要意义

加快"腾笼换鸟"的根本目的是腾出发展空间用于加快产业转型升级，提高资源配置效率，转变高投入、高消耗、高排放的粗放式增长方式，促进全省经济加快发展、高质量发展。"腾笼换鸟"是一项综合性、系统性的工作，各地、各部门要提高认识、加强领导、统筹谋划、形成合力，既要做好"腾笼"的文章，更要做好"换鸟"的文章，加强体制机制创新，形成政策集成优势，腾出用地空间、用能空间和排放指标等，扩大有效投资，发展现代制造模式的传统优势产业，技术领先、附加值高的战略性新兴产业，为产业转型升级提供有效支撑的高技术服务业，促进优质要素资源配置优化，在发展现代工业中做强工业，扎实推动产业结构调整和经济转型升级。

二、加强工作的协同推进

（一）加强对"腾笼换鸟"工作的组织协调。建立省"腾笼换鸟"工作协调小组，办公室设在省经信委，在此基础上，在协调小组办公室下设淘汰落后产能工作组、用能优化配置工作组、土地集约利用工作组和环境污染治理工作组，分别由省经信委、省国土资源厅、省环保厅牵头组织开展工作，各部门要积极支持配合。以上四个工作组的职责，由协调小组办公室明确。各市、县（市、区）政府要抓紧建立相应的组织协调机制，加快推进本地区"腾笼换鸟"工作。

（二）加强对各地、各部门工作督查考核。省协调小组办公室要围绕确保完成"腾笼换鸟"目标任务，突出淘汰落后产能、用能优化配置、土地集约利用、环境污染治理四项重点工作，加强工作的分解落实和指导协调、跟踪检查、汇总统计；四个工作组的牵头部门，要制订专项行动方案，分解细化各部门职能，并加强牵头组织和督促检查；协调小组各成员单位要积极主动配合，加强沟通联系，及时共享信息，形成工作合力。省协调小组办公室要制订相应的考核方案，加强对省级相关部门履行"腾笼换鸟"工作职责情

况的考核，考核结果作为省政府对各部门年度考核的重要依据。各市、县（市、区）推动"腾笼换鸟"工作情况纳入省政府对市、县（市、区）目标责任制考核。

三、加强政策的统筹协调

（一）完善配套政策措施。省级各单位、各地政府要结合各自职能和地方实际，按照浙政发〔2012〕49号文件要求，抓紧制订出台"腾笼换鸟"倒逼机制、激励机制、服务机制等相关具体政策、实施细则或工作方案，加快形成政策集成优势。

（二）加大政策衔接和创新力度。加强投资、产业、土地、能源、环保、安全生产、财政、信贷、价格等政策统筹和衔接，形成政策合力，推动"腾笼换鸟"工作落到实处。进一步研究和制订"腾笼换鸟"的新政策，探索切实有效的政策措施，推动"腾笼换鸟"工作的持续深入开展。

四、加强体制机制创新

（一）深化市场化改革。加快推进能源、环境、土地等领域市场化改革，逐步建立健全资源要素价格市场化形成机制，进一步发挥市场机制在资源要素配置中的基础性作用，形成"腾笼换鸟"的长效机制。

（二）强化依法管理。建立健全省市县三级淘汰落后产能的标准体系，依标准公平公开公正地淘汰落后产能。完善项目的准入标准，包括产业先进性标准、单位占地投资标准、单位用能投资标准、单位排放指标投资标准等，依标准公平择优准入。结合"打非治违"专项行动，加强土地、环保、能源、税收、质量、安全生产等执法检查，建立健全执法联动机制，关闭、取缔一批非法生产、浪费资源、污染严重、不具备安全生产条件的企业。

（三）健全奖惩机制。对完成"腾笼换鸟"目标任务的市，建立完善年度盘活土地存量、亩产税收与财政奖励、年度建设用地指标分配相挂钩的激励约束机制。对未按要求及时完成"腾笼换鸟"目标任务的市进行通报，暂停生产项目的核准和审批，实施限期整改。对谎报工作进展情况、瞒报落后产能的市，实施行政问责。

五、加强试点示范

（一）联合组织开展"腾笼换鸟"试点示范。2012年，在台州市椒江区、长兴县、绍兴县联合组织开展医化、蓄电池、印染等三个行业"腾笼换鸟"的试点示范，逐步积累经验，进行面上推广。

（二）明确试点示范工作目标。试点示范县（市、区）要制订试点示范实施方案，明确"腾笼"与"换鸟"的年度计划目标、工作任务和政策举措等内容。经综合考核，对试点成效明显的县（市、区）予以奖励。

六、加强引导激励

（一）强化对企业的激励引导。加快建立"腾笼换鸟"引导机制，各地要坚持"资源占用产出论英雄"，以重点行业为基础，组织开展工业企业单位用地（用电、能耗、排污）产出和全员劳动生产率等评价，按照评价结果进行分行业排名，并对排名居前列的企业进行表彰，予以政策倾斜。对排名较差的企业要进行内部通报，不予审批和核准新的投资项目，不予批准新增用地。

（二）营造良好的舆论氛围。继续加大"腾笼换鸟"工作的宣传力度，发挥舆论导向和监督作用，宣传"腾笼换鸟"的先进地区、企业和相关机构，曝光源、能源、土地浪费现象，营造"腾笼换鸟"工作的良好氛围，推动企业和各级政府及有关部门自觉、主动、积极地参与相关工作。

浙江省人民政府办公厅
2012 年 9 月 6 日

附录 14　浙江省新一轮制造业"腾笼换鸟、凤凰涅槃"攻坚行动方案（2021—2023 年）

为深入学习贯彻习近平总书记关于制造强国战略的重要论述精神，加快建设制造强省，决定实施新一轮制造业"腾笼换鸟、凤凰涅槃"攻坚行动。

一、总体要求

坚持以习近平新时代中国特色社会主义思想为指导，全面贯彻新发展理念，加快推进数字化改革，持续深化"亩均论英雄"改革，坚定不移推进能耗"双控"，全力推动碳达峰碳中和系统性变革，坚决实施淘汰落后、创新强工、招大引强、质量提升攻坚行动，加快产业结构调整，推动制造业质量变革、效率变革、动力变革，全力建设全球先进制造业基地，为高质量发展建设共同富裕示范区奠定坚实的基础。

二、实施目标

通过3年攻坚，全省规上工业亩均税收达到37万元，亩均增加值达到180万元，规上制造业全员劳动生产率达到33万元/人，单位工业增加值能耗下降10.4%以上，制造业投资年均增长10%以上，规上制造业研究与试验发展（R&D）经费相当于营业收入比重突破2.3%。全省淘汰落后产能企业5000家，整治提升10000家，腾出低效工业用地100平方公里，腾出用能400万吨标准煤，减少碳排放800万吨；招引落地10亿元以上重大制造业项目300个以上；新增"浙江制造"标准1000项，培育"品字标"品牌企业1000家。制造业高端化、数字化、绿色化发展处于全国领先地位。

三、重点任务

（一）实施淘汰落后攻坚行动。

1. 全面摸排高耗低效企业。根据省制造业高耗低效企业分区域分行业指南，各地按照动态摸排、分类建档、清单管理的方法，以规上制造业企业、实际用地3亩以上的规下制造业企业为重点开展排查，摸清企业用地、用能等情况，建立高耗低效整治企业清单，实行闭环管理。（责任单位：省经信厅、省发展改革委、省自然资源厅。列第一位的为牵头单位，各市、县〔市、区〕政府为责任主体，下同）

2. 坚决淘汰整治高耗低效企业。各地严格按照安全、环保、质量、能源等领域法律法规、强制性标准和政策要求，对高耗低效企业开展合规检查，制定整治提升方案，实施分类整治。对存在违法违规等行为的企业限期整改，逾期未整改或经整改仍未达标的，坚决依法处置；对其他高耗低效企业，通过兼并重组、整体腾退、搬迁入园、改造提升等方式，实施"一企一方案"，对标提升，达标销号。（责任单位：省经信厅、省发展改革委〔省能源局〕、省财政厅、省自然资源厅、省生态环境厅、省应急管理厅、省税务局、省市场监管局）

3. 坚决遏制"两高"项目盲目发展。开展"两高"项目评估检查，对不符合要求的"两高"项目坚决进行处置，对不符合产业政策、产能置换、节能审查、环评审批等要求，未履行相关审批手续，违规审批、未批先建、批建不符等违法违规行为，坚决依法查处。对拟建"两高"项目，进行科学论证；对明显超出地方能耗"双控"目标、环境排放容量的项目，要求立即停止。（责任单位：省发展改革委〔省能源局〕、省经信厅、省生态环境厅）

4. 加快整治提升低效工业用地。结合新一轮国土空间规划编制，统筹研究工业用地布局。加强工业投资项目监督，对涉及用地闲置的，严格按照《闲置土地处置办法》进行处置。新增工业用地实现100%"标准地"模式出让，加强事中事后监管，落实投资监管协议。探索参照"标准地"出让基本要求，加强工业土地二级市场交易监管，支持地方探索工业用地到期续签履约机制。（责任单位：省自然资源厅、省发展改革委、省经信厅）

5. 大力整治提升产业发展平台。深入开展产业园区和企业有机更新，持续推进各类开发区（园区）整合提升，打造一批制造业高质量发展五星级园区。提质推进小微企业园建设，支持符合条件的企业利用存量低效用地和厂房改造建设小微企业园，新培育四星级以上小微企业园100个。（责任单位：省经信厅、省发展改革委、省科技厅、省自然资源厅、省商务厅）

（二）实施创新强工攻坚行动。

1. 加强关键核心技术攻坚。推进科技创新和产业提升双联动，实施"尖峰、尖兵、领雁、领航"攻关计划，实现100项填补空白、引领未来的重大成果。深入推进产业链协同创新工程，每年实施60个、谋划60个产业链协同创新项目。（责任单位：省科技厅、省经信厅）

2. 加速重大科技成果产业化。高水平建设科技成果转化平台，建成省级以上科技企业孵化器120家、"双创"示范基地70个。建设中国浙江网上技术市场3.0，力争全省技术交易总额突破3000亿元。实施首台套提升工程，每年新增首台套200项。（责任单位：省科技厅、省发展改革委、省经信厅）

3.全力打造高能级科创平台。加快推进杭州城西科创大走廊等创新策源地建设，构建完善新型实验室体系和技术创新中心体系，新建国家重点实验室等国家级科技创新基地5个、省级重点实验室15家、省技术创新中心10家、新型研发机构20家。（责任单位：省科技厅、省发展改革委、省经信厅）

4.做专做精制造业创新主体。梯次培育世界级领军企业、高市值上市公司、单项冠军企业、隐形冠军企业和专精特新"小巨人"企业、科技型中小企业。每年培育单项冠军企业20家以上，专精特新"小巨人"企业100家、隐形冠军企业100家。分行业动态培育1000家高成长企业。实施科技企业"双倍增"行动，每年新增高新技术企业3000家、科技型中小企业8000家。（责任单位：省经信厅、省科技厅、省地方金融监管局）

5.加快构建产业链创新链生态圈。深入实施制造业产业基础再造和产业链提升工程，探索"链长＋链主"协同推进机制，动态培育"链主型"企业100家，打造产业链上下游企业共同体200个，加快形成"头部企业＋中小企业"的产业链创新链生态圈。以"产业大脑＋未来工厂"为突破口，发展具有全球影响力的数字产业集群，培育"产业大脑"30个以上、未来工厂50家以上、智能工厂（数字化车间）600家（个）以上。（责任单位：省经信厅、省科技厅）

（三）实施招大引强攻坚行动。

1.加强新兴产业重大项目招引。聚焦三大科创高地、战略性新兴产业，加强重大制造业项目招引，确保每年省市县长项目工程中制造业项目数不低于三分之一，项目落地率达到50％以上，当年落地项目投资完成率达到10％以上。加强与央企、军工企业常态化对接，每年落地100个战略合作项目。发挥政府产业基金引导作用，推进一批重大制造业项目落地，每年实施产业基金项目50个。（责任单位：省商务厅、省委军民融合办、省发展改革

委、省经信厅、省科技厅、省财政厅）

2. 加强重大外资项目招引。瞄准世界500强、跨国公司，招引落地重大制造业外资项目180亿美元以上。推动综合保税区引进一批高端加工制造、尖端研发设计、全球检测维修等高质量项目。推动自贸试验区与联动创新区、重点开放平台协同发展。深化国际产业合作园建设，打造一批高能级外资对接合作平台，新增国家级平台2个左右。（责任单位：省商务厅、省发展改革委）

3. 加强补链强链关键项目招引。实施产业和招商主管部门"一局长一项目"专项行动，紧盯标志性产业链断链弱链环节，每年招引落地亿元以上项目500个以上。开展长三角产业链补链固链强链行动，落地推进一批产业链合作项目。（责任单位：省经信厅、省发展改革委、省商务厅）

4. 加强上市企业资本重组项目落地。高质量推进"凤凰行动"计划，推动省内上市企业新增融资4500亿元以上，投资一批高端制造业项目，新增并购重组金额1500亿元以上，落地一批补链强链项目。每年动态保有1000家以上重点上市后备企业和100家以上报会（交易所）企业，实施一批上市募投制造业项目。（责任单位：省地方金融监管局、省经信厅、浙江证监局）

5. 加强项目全周期管理服务。开展项目全周期管理服务多跨场景应用试点，对制造业项目招引落地、建设实施、竣工验收、投产达产、履约监管等实施动态跟踪管理和服务。（责任单位：省经信厅、省发展改革委、省自然资源厅、省建设厅、省商务厅）

（四）实施质量提升攻坚行动。

1. 深入推进制造业质量革命。全面提升制造业标准化水平，新制修订国际标准15项以上、国家标准150项以上。实施百个特色产业质量提升行动，加强质量基础设施建设，培育一批国家级和省级质检中心、产业计量测试中心，推进一站式服务平台建设。（责任单位：省市场监管局）

2. 全面实施企业数字化绿色低碳技术改造。加快推动传统制造业制造方式转型，分行业、分区域推进企业数字化技术改造，每年组织实施500个省级重点技改项目，引领推进规上工业企业数字化技术改造全覆盖，新增工

业机器人5万台。全力推进节能减碳技术改造，每年实施100个省级重点节能减碳技术改造项目。（责任单位：省经信厅）

3. 加快制造业产品升级换代。组织实施产品升级改造重点项目。开展制造业设计能力提升专项行动，办好中国设计智造大奖活动、宁波创新设计周，推动工业设计成果转化应用。实施服务型制造工程，培育省级服务型制造企业（平台）150家（个）。（责任单位：省经信厅）

4. 大力推进制造业品牌建设。实施品牌竞争力提升工程，每年培育"品字标"品牌企业300家以上。建立"名品＋名企＋名产业＋名产地"的集群品牌和区域品牌培育提升机制。推进"浙货行天下"工程，加快推动内外销产品"同线同标同质"，培育浙江出口名牌300个。（责任单位：省市场监管局、省经信厅、省商务厅）

5. 强化知识产权全链条保护。深化知识产权保护"一件事"集成改革，构建诚信治理等各环节完善的保护体系。严查各类知识产权领域的违法行为，强化科技型上市企业知识产权护航，加强知识产权信息化基础设施建设。构建知识产权保护自律机制。（责任单位：省市场监管局、省公安厅、杭州海关、宁波海关）

四、政策措施

（一）加大财税政策支持力度。统筹工业和信息化、发展改革、科技、商务等相关财政专项资金，强化政策集成，优化使用方式。充分发挥研发费用税前加计扣除新政引领撬动作用，扩大政策覆盖面，激励企业加大研发投入。（责任单位：省财政厅、省发展改革委、省经信厅、省科技厅、省商务厅、省税务局）

（二）强化工业用地集约利用。工业大市大县每年出让土地总量中工业用地比例不低于30％，确保工业用地总量稳中有升。支持地方实施工业用地控制线管理，控制线内盘活腾出存量工业用地必须全部用于工业发展，确需改变用途的，应"改一补一"，确保占补平衡。各地在符合国家有关规定前提下，提取土地出让收入的0.5％以上作为"腾笼换鸟"专项经费，用于盘活工业用地、企业整治提升、宿舍型保障性租赁住房、产业园区配套设施

等。支持地方开展工业低效用地全域治理试点。(责任单位：省自然资源厅、省经信厅、省财政厅、省税务局)

(三)加大金融支持力度。引导金融机构加大技改贷投放力度，发展碳排放权、排污权、特许经营收费权等抵质押绿色信贷业务。鼓励金融机构对"腾笼换鸟"新增投资项目融资需求给予中长期贷款支持。(责任单位：省地方金融监管局、人行杭州中心支行、浙江银保监局)

(四)优化能耗碳耗资源配置。各地腾出的能耗指标和碳排放空间，重点用于本地区实施"腾笼换鸟"低碳新兴产业项目、强链补链项目和技改项目。充分利用差别电价、差别水价、差别气价、差别化城镇土地使用税减免政策推动高耗低效企业整治提升。(责任单位：省发展改革委、省经信厅、省生态环境厅、省税务局)

(五)加快建设保障性租赁住房。在重点发展保障性租赁住房的城市，产业园区内的存量工业项目和产业园区外亩均效益A类、B类龙头骨干企业用地面积50亩以上的存量工业项目，在确保安全的前提下，可将配套建设行政办公及生活服务设施的用地面积占项目总用地面积的比例上限由7%提高到15%，建筑面积占比上限相应提高到30%，提高部分主要用于建设宿舍型保障性租赁住房。产业园区内的新建工业项目，可充分利用上述政策建设宿舍型保障性租赁住房。鼓励产业园区统一规划、统筹建设宿舍型保障性租赁住房。(责任单位：省建设厅、省经信厅、省自然资源厅)

(六)强化制造业人才保障。大力实施"浙商青蓝接力工程"和新生代企业家"双传承"计划，加强企业家和经营管理人才队伍建设。省"鲲鹏行动"计划、省海外引才计划等重大人才工程将制造业人才作为重点引进培育对象。实施新时代浙江工匠培育工程和"金蓝领"职业技能提升行动，开展技工教育提质增量计划，建设一批一流技师学院，鼓励校企共同体建设。(责任单位：省委人才办、省经信厅、省教育厅、省人力社保厅、省总工会)

五、组织实施

(一)加强组织协调。省制造业高质量发展领导小组统筹负责新一轮制造业"腾笼换鸟、凤凰涅槃"攻坚行动。省工业专班调整为新一轮制造业

"腾笼换鸟、凤凰涅槃"攻坚行动工作专班。各级政府要实施专班化工作机制，细化本地区攻坚行动方案。省市县三级联动、上下贯通，各部门协同配合，实行闭环督导，全力抓好攻坚行动目标任务落实。（责任单位：省制造业高质量发展领导小组办公室）

（二）加强评价考核。制定考核评价办法，建立赛马机制，实施月度监测、季度通报、年度考核，强化争先创优。对考核优秀的市、县（市、区），每年安排3000亩建设用地计划指标进行激励。对考核排名靠后的市、县（市、区）进行通报约谈。（责任单位：省制造业高质量发展领导小组办公室、省自然资源厅）

（三）加强服务指导。推进数字经济系统建设，开展"亩均论英雄"3.0、项目全周期管理服务、产业链"一键通""碳效码"、科创快易通等多跨场景应用。深入实施"三服务"2.0版，解决企业最需要最紧迫的难题。开展政策宣贯，总结典型经验，推广最佳实践。（责任单位：省经信厅、省发展改革委、省科技厅、省商务厅、省市场监管局）

本方案自印发之日起施行，有效期至2023年12月31日。

浙江省人民政府
2012年10月23日

附录15　衢州市新一轮制造业"腾笼换鸟、凤凰涅槃"攻坚行动实施方案（2021—2023年）

为贯彻落实省政府新一轮制造业"腾笼换鸟、凤凰涅槃"攻坚行动，深入实施我市"工业强市、产业兴市"战略，特制定新一轮制造业"腾笼换鸟、凤凰涅槃"攻坚行动实施方案。

一、总体要求

坚持以习近平新时代中国特色社会主义思想为指导，全面贯彻新发展理念，加快推进数字化改革，持续深化"亩均论英雄"改革，坚定不移推进能耗"双控"，全力推动碳达峰碳中和系统性变革，坚决实施淘汰落后、创新强工、招大引强、质量提升攻坚行动，加快产业结构调整，加快制造业质量变革、效率变革、动力变革，全力推动衢州工业大发展、快发展、高质量发展，为打造四省边际共同富裕示范区、四省边际中心城市奠定坚实基础。

二、实施目标

通过 3 年攻坚，全市规上工业亩均税收达到 22 万元，亩均增加值达到 120 万元，规上制造业全员劳动生产率达到 33 万元/人，单位工业增加值能耗下降 10.4% 以上，制造业投资年均增长 15% 以上，规上制造业研究与试验发展（R&D）经费相当于营业收入比重突破 1.7%。全市整治提升低效企业（含高耗低效）1200 家，腾出低效工业用地 1.5 万亩，腾出用能 40 万吨标准煤，减少碳排放 80 万吨以上；招引落地 10 亿元以上重大制造业项目 60 个以上；新增"浙江制造"标准 35 项以上，培育"品字标"品牌企业 30 家以上。制造业高端化、数字化、绿色化水平明显提升。

三、重点任务

（一）实施淘汰落后攻坚行动。

1. 全面摸排高耗低效企业。对标《浙江省制造业高耗低效企业分区域分行业指南》，锁定亩均税收未达到所属行业指导标准的企业，尤其是能耗强度也未达到标准要求的企业，作为整治提升目标。以各区块为责任主体，按照动态摸排、分类建档、清单管理的方法，以规上制造业企业、实际用地 3 亩以上的规下制造业企业为重点开展排查，摸清企业用地、用能等情况，建立高耗低效整治企业清单，实行闭环管理。（责任单位：市经信局、市发改委、市资源规划局。列第一位的为牵头单位，各县〔市、区〕政府、智造新城管委会、智慧新城管委会为责任主体，下同）

2. 坚决淘汰整治高耗低效企业。各区块严格按照安全、环保、质量、能源等领域法律法规、强制性标准和政策要求，对高耗低效企业开展合规检查，制定整治提升方案，实施分类整治。对存在违法违规等行为的企业限期整改，逾期未整改或经整改仍未达标的，坚决依法处置；对其他高耗低效企业，通过兼并重组、整体腾退、搬迁入园、改造提升等方式，实施"一企一方案"，对标提升，达标销号。同时，推进化工企业分类整治提升，依法依规淘汰不达标的化工企业，以2020年全市存量化工行业企业数量为基数，2021年减少15％，2022年再减少10％。（责任单位：市经信局、市发改委、市财政局、市资源规划局、市生态环境局、市应急局、市税务局、市市场监管局）

3.坚决遏制"两高"项目盲目发展。开展"两高"项目评估检查，对不符合要求的"两高"项目坚决进行处置，对不符合产业政策、产能置换、节能审查、环评审批等要求，未履行相关审批手续，违规审批、未批先建、批建不符等违法违规行为，坚决依法查处。对拟建"两高"项目，进行科学论证；对明显超出我市能耗"双控"目标、环境排放容量的项目，要求立即停止。（责任单位：市发改委、市经信局、市生态环境局）

4.加快整治提升低效工业用地。结合新一轮国土空间规划编制，统筹研究工业用地布局。加强工业投资项目监管，对涉及用地闲置的，严格依法依规进行处置。新增工业用地实现100％"标准地"模式出让，加强事中事后监管，各区块责任主体严格落实投资监管协议。探索参照"标准地"出让基本要求，加强工业土地二级市场交易监管；探索工业用地到期续签履约机制。（责任单位：市资源规划局、市发改委、市经信局）

5.大力整治提升产业发展平台。深入开展产业园区和企业有机更新，持续推进各类开发区（园区）整合提升，努力打造制造业高质量发展园区。扎实开展化工园区整治，实现安全发展、智能发展、集聚发展、绿色发展、高效发展。提质推进小微企业园建设，支持符合条件的企业利用存量低效用地和厂房改造建设小微企业园，新培育四星级以上小微企业园2个。（责任单位：市经信局、市发改委、市科技局、市资源规划局、市商务局、市应急局）

（二）实施创新强工攻坚行动。

1.强化产业引领关键核心技术攻坚。围绕产业发展需求，聚焦制约产业发展"卡脖子"关键核心技术，实施"尖峰、尖兵、领雁、领航"攻关计划,推广"揭榜挂帅""赛马制",实现6项填补空白、引领未来的重大科技成果。深入推进产业链协同创新工程,每年谋划推荐10个、实施5个省级产业链协同创新项目。(责任单位:市科技局、市经信局)

2. 加速重大科技成果转化。高水平建设科技成果转化平台,支持产业园区、行业龙头骨干企业、高校院所牵头建设众创空间、孵化器、加速器等科技孵化载体。建成省级众创空间21家以上,省级科技企业孵化器9家以上。建设中国浙江网上技术市场3.0,力争全市技术交易总额突破109亿元。实施首台套提升工程,每年新增省首台套装备、首批次新材料、首版次软件共10项。(责任单位:市科技局、市发改委、市经信局、市大数据局)

3. 加快建设创新引领性平台。积极建设省高端化学品技术创新中心,争创国家技术创新中心。推动企业研发机构优化整合、能级提升,新增国家级企业技术中心2家,新增省级高新技术企业研发中心(工程中心、企业技术中心)、省级企业研究院分别达39家、18家以上,省级重点企业研究院实现县域全覆盖。(责任单位:市科技局、市发改委、市经信局)

4. 推进制造业创新主体做专做精。梯次培育世界级领军企业、高市值上市公司、单项冠军企业、隐形冠军企业和专精特新"小巨人"企业、科技型中小企业。培育单项冠军2家以上,专精特新"小巨人"企业10家、隐形冠军企业6家。动态培育100家高成长企业。实施科技企业"双倍增"行动,新增国家高新技术企业380家以上、省科技型中小企业1100家以上。(责任单位:市经信局、市金融办、市科技局)

5. 着力构建产业链创新链生态圈。深入实施制造业产业基础再造和产业链提升工程,探索"链长+链主"协同推进机制,分行业动态培育"链主型"企业15家,打造产业链上下游企业共同体5个,加快形成"头部企业+中小企业"的产业链创新链生态圈。以"产业大脑+未来工厂"为突破口,加快氟硅与电子化学、常山轴承行业产业大脑建设,积极谋划特种纸行业产业大脑试点,推进工业互联网、人工智能等技术在制造业领域的应用,培育未来工厂、智能工厂(数字化车间)30家以上。(责任单位:市经信局、市科技局)

（三）实施招大引强攻坚行动。

1. 加强主导产业重大项目招引。聚焦各区块确定的两大主导产业和战略性新兴产业，加强重大制造业项目招引，确保每年省市县长项目工程中制造业项目数不低于三分之一，项目落地率达到50%以上，当年落地项目投资完成率达到10%以上。加强与央企等企业常态化对接，力争每年落地战略合作项目8个以上。发挥政府产业基金在招商引资中的引导作用，推进一批重大制造业项目落地。（责任单位：市招商中心、市发改委、市经信局、市科技局、市财政局）

2. 加强重大外资项目招引。瞄准世界500强企业、跨国公司，大力开展重大制造业外资项目招引，2021年全年实际利用外资力争达到6000万美元以上，2023年全年实际利用外资力争达到7000万美元以上。加快推动综合保税区申建，推动自贸试验区联动创新区、跨境电商综试区等重点开放平台协同发展。深化国际产业合作园建设，加强浙江中韩（衢州）产业合作园建设，争取打造一批高能级外资对接合作平台。（责任单位：市商务局、市招商中心、市发改委、市资源规划局、衢州海关）

3. 加强延链补链强链关键项目招引。聚焦新材料、新能源、集成电路、智能装备、生命健康、特种纸六大标志性产业链，实施"一局长一项目"专项行动，紧盯主导产业延链补链强链环节，每年招引亿元以上项目100个以上。主动融入长三角产业链补链固链强链行动，争取一批产业链合作项目落户飞地。（责任单位：市经信局、市发改委、市商务局、市招商中心）

4. 加快资本市场"衢州板块"培育。高质量推进"凤凰行动"计划，力争每年动态保有上市培育企业、拟上市企业100家，分类指导、整体推进，不断壮大资本市场"衢州板块"和高质量发展的上市公司群体。到2023年末，全市上市公司数量、市值力争达到20家、2000亿元；推动全市上市公司新增融资120亿元以上，投资一批高端制造业项目；新增并购重组金额30亿元以上，落地一批补链强链项目。（责任单位：市金融办、市经信局）

5. 加强项目全周期管理服务。开展项目全周期管理服务，对制造业项目招引落地、建设实施、投产达产、履约监管等实施动态跟踪管理和服务。

(责任单位：市经信局、市发改委、市资源规划局、市住建局、市商务局)

（四）实施质量提升攻坚行动。

1. 扎实推进制造业质量革命。全面提升制造业标准化水平，主导或参与新制（修）订国家标准45项以上，浙江制造标准35项以上。实施特色产业质量提升行动，加强质量基础设施建设，3年内新增省级质检中心（或省级重点实验室）1个以上，积极开展国家级质检中心培育，推进一站式服务平台建设。（责任单位：市市场监管局）

2. 全面实施企业数字化绿色低碳技术改造。加快推动传统制造业制造方式转型，分行业、分区域推进企业数字化技术改造和节能减碳技术改造，每年争取新增工业机器人500台以上，每年实施市级重点工业投资项目400个以上，其中数字化、智能化技改项目200个以上，节能减碳技改项目50个以上。每年争取10个以上项目列入省级重点技改项目，争取2个以上项目列入省级重点节能减碳技术改造项目。（责任单位：市经信局）

3. 加快制造业产品升级换代。组织实施产品升级改造重点项目，每年完成省级工业新产品（新技术）备案200项以上、实施省重点技术创新和省重点高新技术产品开发项目20项以上、认定"浙江制造精品"10项以上。开展制造业设计能力提升专项行动，组织企业参加中国设计智造大赛，积极培育国家级省级服务型智造示范企业（项目、平台），每年新增1家国家级服务型智造示范平台，1家省级服务型智造示范企业（项目、平台）。（责任单位：市经信局）

4. 大力推进制造业品牌建设。实施品牌竞争力提升工程，新培育"品字标"品牌企业30家以上。开展"名品＋名企＋名产业＋名产地"的集群品牌和区域品牌培育，形成一批省内知名区域品牌。贯彻实施"浙货行天下"工程，加快推动内外销产品"同线同标同质"，实施品牌竞争力提升工程，加大浙江出口名牌培育力度。（责任单位：市市场监管局、市经信局、市商务局）

5. 强化知识产权全链条保护。积极开展知识产权保护"一件事"集成改革，加强知识产权信用管理体系建设，严厉查处知识产权领域的违法行为，健全知识产权保护机制，全力维护科技型企业知识产权安全。不断推进知识产权数字化改革，加快推进"浙江知识产权在线"信息服务市场主体全覆盖，提高全社会知识产权共同保护意识，完善知识产权保护自律机制。（责任单位：市市场监管局、市公安局）

四、政策措施

（一）加强财税政策支持。统筹大科创、大商贸等相关财政专项资金，强化政策集成，优化使用方式。充分发挥研发费用税前加计扣除新政引领撬动作用，扩大政策覆盖面，激励企业加大研发投入。（责任单位：市财政局、市经信局、市市场监管局、市科技局、市发改委、市商务局、市税务局）

（二）强化工业用地节约集约利用。结合"十类地"综合处置、工业强市十大专项行动，进一步加强土地节约集约利用，加大低效工业用地处置力度，大幅提高土地利用率、产出率，每年出让土地总量中工业用地占比不低于50%。在符合国家有关规定前提下，提取土地出让收入的0.5%以上作为"腾笼换鸟"专项经费，用于盘活工业用地、企业整治提升、宿舍型保障性租赁住房、产业园区配套设施等。积极争取工业低效用地全域治理试点。（责任单位：市资源规划局、市发改委、市经信局、市财政局、市税务局）

（三）加大金融支持力度。聚焦六大标志性产业链为核心的制造业发展，提供精准金融支持。引导金融机构加大中长期制造业贷款投放力度，发展碳排放权、排污权、特许经营收费权等抵质押绿色信贷业务。鼓励金融机构对"腾笼换鸟"新增投资项目融资需求给予中长期贷款支持。（责任单位：市金融办、市人行、市银保监局）

（四）优化能耗碳耗资源配置。腾出的能耗指标和碳排放空间，重点用于实施"腾笼换鸟"低碳新兴产业项目、强链补链项目和技改项目。充分利用差别电价、差别水价、差别气价、差别化城镇土地使用税减免政策推动高耗低效企业整治提升。（责任单位：市发改委、市经信局、市生态环境局、市税务局）

（五）加大保障性租赁住房建设力度。在产业园区及周边区域，充分利用存量土地和存量房屋建设保障性租赁住房，促进产城人融合发展，实现职住平衡。在衢州市区，产业园区内的存量工业项目和产业园区外亩均效益A、B类龙头骨干企业用地面积50亩以上的存量工业项目，在符合安全要求、产业发展政策的前提下，为满足职工居住需求，可以通过新建、拆除重建、扩建等方式，将配套建设行政办公及生活服务设施的用地面积占项目总用地面积的比例上限由7%提高到15%，建筑面积占比上限相应提高到30%，提高部分主要用于建设宿舍型保障性租赁住房。产业园区内的新建工业项目，可结合实际和职工居住需求，充分利用上述支持政策建设宿舍型保障性租赁住房。鼓励产业园区统筹小微企业需求，统一规划、建设宿舍型保障性租赁住房。（责任单位：市住建局、市经信局、市资源规划局）

（六）加强制造业人才保障。全面落实人才新政，优化政策兑现方式，帮助企业用好用足人才新政。着力引进"高精尖缺"产业人才，支持企业申报省海外引才计划、省高层次人才特殊支持计划、领军型创新创业团队、"双领"计划等人才项目。全力打造"产教融合"平台，深入实施千企万人培训工程，加强企业家和经营管理人才队伍建设。实施新时代浙江工匠培育工程，推进"金蓝领"职业技能提升行动，开展职业院校提质扩量行动，加大职业院校建设力度，鼓励多形式校企合作。加快大学生引进，有计划地组织单位、企业开展高校推介会、校园招聘会、大学生进企实习见习等活动。（责任单位：市委人才办、市经信局、市教育局、市人力社保局、市总工会）

五、组织实施

各地各部门要切实扛起历史使命，量化细化任务，压实工作责任，强化跟踪问效，加强指导服务，坚定不移抓好攻坚行动实施。

（一）强化组织协调。市工业强市领导小组统筹负责新一轮制造业"腾笼换鸟、凤凰涅槃"攻坚行动。市工业强市工作专班与新一轮制造业"腾笼换鸟、凤凰涅槃"攻坚行动工作专班融合办公。各区块要实施专班化工作机制，细化本区块攻坚行动方案。省市县三级联动，各部门协同配合，实行闭环管理，全力抓好攻坚行动目标任务落实。（责任单位：市工业强市领导小

组办公室）

（二）加强服务指导。推进数字经济系统建设，开展亩均评价、绿能码、零手动操作、衢融通、产业链"一键通"等多跨场景应用。深化服务企业活动，解决企业最需要最紧迫的难题，打造具有衢州特色的"三服务"2.0版。开展政策宣贯，总结典型经验，推广最佳实践。（责任单位：市经信局、市营商办、市大数据局、市科技局、市商务局）

（三）全力争先创优。建立工作实绩"赛马"机制，实施月度监测、季度通报、年度考核，并根据考核结果，向省里推荐激励名单。对考核排名靠后的区块进行通报约谈。各地各部门要切实抓好工作落实，全力争先创优。（责任单位：市工业强市领导小组办公室）

衢州市人民政府
2022 年 2 月 20 日

附录16 湖镇镇关于印发《关于促进经济高质量发展六条举措》的通知

各科室、部门、企业：

为深入贯彻落实国家、省、市、县稳经济的工作要求，推动产业质量变革、效率变革、动力变革，打造经济强镇示范样本，结合助企纾困解难，努力在全市中心镇经济争先创优中脱颖而出，特制定本意见。

一、项目招引奖

鼓励以商招商，湖镇辖区内注册企业提供招商信息（实际固定投资5000万元、1亿元以上的制造业项目或实际固定投资3000万元以上的农业项目），并通过工业（农业）决策咨询且落地湖镇的，给予信息提供企业奖励：固投5000万元以上项目（固投3000万元以上农业项目）奖励10万元；固投1亿元及以上制造业项目奖励20万元。

二、增长贡献奖

1. 规上企业：亿元以上企业产值同比增速达 10%、20%、30%，亿元以下企业产值同比增速达 20%、30%、40%（亿元产值认定参照 2022 年度数据，2023 年度新上规企业不参与比拼），增速完成对应目标分别奖励 2 万元、4 万元、6 万元；

2. 规下样本企业：企业营收同比增速达 30%、40%、50%。增速完成对应目标分别奖励 1 万元、2 万元、3 万元。

三、转型升级奖

1. 工业企业转型升级：对亩均评价参评企业给予升档奖励：D 类升 C 类奖励 2 万元，C 类升 B 类奖励 4 万元，B 类升 A 类奖励 8 万元，连续两年 A 类企业奖励 10 万元。（升档企业兑现奖励后次年降档的，两年内不享受该政策）。

2. 农业企业转型升级：对获评县、市、省、国家级农业龙头企业的主体分别奖励 2 万元、4 万元、8 万元、10 万元。

四、科技创新奖

鼓励企业加大科研投入，2023 年度规上工业企业研发费用占营业收入比重超 5.5% 的奖励 2 万元，比重超 6.5% 的奖励 3 万元；符合高新技术产业目录（以项目备案赋码为准）投资项目出数 50 万元及以上的奖励 1 万元，超出部分按每 100 万元奖励 1 万元，5 万元封顶。

五、技术改造奖

鼓励企业技术改造，对企业入库投资项目中零土地技改项目累计出数达 200 万元、500 万元、800 万元以上的分别给予 2 万、5 万、8 万的奖励（以统计入库出数为准、每个企业对应项目只可兑现一次）。

六、服务业提升奖

为进一步优化服务业发展环境，加快新业态新模式培育，不断提高服务业增加值比重，鼓励商贸企业发展，对限额以上企业年销售额同比增速达20%给予1万元奖励，增速每增加10%。追加奖励1万元，5万元封顶。2023年度新上规服务业企业奖励5万元。

七、附则

本政策适用企业为注册地在湖镇镇且正常生产经营的企业或个体。自2023年12月1日起实施，试行一年，政策兑现操作细则另行制定，部分延后兑现政策参考操作细则。操作细则等详见附件。

龙游县湖镇镇人民政府
2023年9月25日

附录17 湖镇镇关于印发《湖镇镇白鸽计划——人才服务保障实施办法（试行）》的通知

各模块、办公室（中心）、行政村、企业：

为进一步深挖湖镇发展潜力，支持各类人才创新创业，全面提升人才工作水平、优化人才发展环境，为龙游县城副中心建设提供强有力的人才支撑和保障，根据市县人才实施意见，结合湖镇实际情况，制定《湖镇镇白鸽计划——人才服务保障实施办法（试行）》，现印发给你们，请认真抓好贯彻执行。

湖镇镇白鸽计划——人才服务保障实施办法（试行）

为进一步深挖湖镇镇发展潜力，支持各类人才创新创业，全面提升人才工作水平、优化人才发展环境，为龙游县域副中心建设提供强有力的人才支撑和保障，根据市县人才政策实施意见，结合湖镇镇实际情况，制定本实施办法。

一、申报对象

（一）在湖镇镇从事工业强镇、数字经济、电子商务、物流配送、文化创意、运动健康、旅游研学、教育医疗等乡村振兴、共同富裕产业的个人、团队、公司。

（二）来湖镇镇开展工业强镇、数字经济、电子商务、物流配送、文化创意、运动健康、旅游研学、教育医疗等乡村振兴、共同富裕产业调研课题的高校学生团队。

二、扶持政策

（一）住房保障

1. 租房补助。对新引进来湖镇工作或自主创业的全日制博士研究生、硕士研究生、本科毕业生、大专毕业生及相应层次人才，其本人及配偶在本镇无自有房产，且未租住企业宿舍或人才周转房、公租房、人才公寓等政府性保障房的，按每月 600 元给予一定时间的租房补助。(1) 全日制博士研究生、硕士研究生及相应层次人才，给予 24 个月租房补助。(2) 全日制本科、大专毕业生及相应层次人才，给予 12 个月租房补助。引进人才在享受租房补助期间在湖镇购房的，自购房备案次年起停止享受租房补助。

2. 安居补助。鼓励各类人才在湖镇购房置业，对全职引进来湖镇与镇内企业签订服务协议工作满一年或自主创业满一年的企业人才，五年内首次购买湖镇镇辖区范围内商品房的，给予一定金额的一次性购房补助和人才公寓团购优惠。(1) 一次性购房补助。全日制硕士研究生及以上、本科生、大专生分别给予一次性 50000 元、30000 元、20000 元的购房补助。(2) 人才公寓团购优惠。对新引进来湖镇工作或自主创业的全日制博士研究生、硕士研究生、本科毕业生、大专毕业生及相应层次人才，5 人及以上集体购买湖镇镇辖区人才公寓的，享受每人 30000 元团购优惠，每人限购一套人才公寓。

所购房产自网签之日起 5 年内不得上市交易，如需上市交易的需提前向湖镇镇人才工作领导小组提供申请备案，并全额退回相应安居补助。

（二）创业扶持

1. 创业场租补助。鼓励新引进在湖镇自主创业的全日制大专及以上人才入驻镇辖区孵化基地等办公场所，经认定，每年给予企业场地租金 50％

的补助，连续补助三年，单个企业累计不超过 20000 元。

2. 创业贷款贴息。对新引进在湖镇自主创业的全日制大专及以上人才给予最高 500000 元贷款贴息补助，每人累计享受贴息补助不超过 20000 元。

（三）引进奖励

1. 对新引进全日制博士研究生、硕士研究生、本科及大专毕业生，在湖镇镇工作满 2 年且仍在职的，分别给予每人 20000 元、15000 元、10000 元一次性就业奖励。

2. 鼓励大学生来湖镇参加社会实践活动，对大学生到湖镇镇政府或行政村见习实习且表现优秀的，按照当地最低工资标准给予生活补助。

（四）培养支持

1、新入选衢州市拔尖人才、青年拔尖人才、龙游县拔尖人才的，分别给予一次性 20000 元、10000 元、10000 元奖励。

2、新取得中级、副高级、正高级专业技术职称的企业人才，分别给予一次性 5000 元、10000 元、20000 元奖励；新取得技师、高级技师等国家职业资格证书或职业技能等级证书的企业人才，分别给予一次性 1000 元、3000 元奖励。

三、认定程序及办法

（一）申报对象先向所在企业提交申请，再由企业统一向湖镇对应科室提交相关申请材料进行复核。

（二）湖镇镇人才工作领导小组办公室负责公示并组织项目评审及出具评审结果。

（三）申报对象凭评审结果申报相关补贴。

四、有关要求

（一）组织保障到位。坚持党管人才原则，发挥湖镇镇人才工作领导小组牵头抓总作用，研究制定政策申领的具体经办流程、实施细则、细化服务内容等，并落实专人加强同各类人才的对接联系，帮助解决申请过程中存在的问题，及时补缺资料。各村社和职能科室要积极配合，支持保障人才政策

（二）政策执行到位。湖镇镇人才工作领导小组办公室要严格落实人才申报认定的有关要求，严把资料申报、公示公开、审核认定三个重点环节，让政策执行的过程信息和结果信息公开透明、公平公正，确保政策执行不走形不变样。参与人才审核认定的科室人员要严格遵守审核工作纪律，严禁弄虚作假、徇私舞弊等行为，确保政策执行规范到位。

（三）经费保障到位。将人才工作经费放到湖镇镇美丽城镇建设经费中统一考虑，采取政府财政列支为主的保障方式。具体由湖镇镇人才工作领导小组办公室牵头，加强对经费使用的管理，确保人才活动资金使用规范、合理，切实为人才活动的顺利开展提供财力保障。

对上述符合且已享受上级人才政策的，可依照本办法叠加享受镇级政策。本办法自2023年12月1日起实行，试行期一年，由湖镇镇人才工作领导小组办公室负责解释，相关操作细则另行制定。

龙游县湖镇镇人民政府
2023年11月17日

附录18　关于推进工业跨越式高质量发展的若干政策

为全面贯彻落实县委"14456"工作布局，实施工业强县战略，推动制造业质量变革、效率变革、动力变革，争创制造业高质量发展先行县，打造生态工业发展的示范样板，努力在全省山区26县实现制造业脱颖而出，特制定本意见。

一、坚持培大育强，强链补链

（一）培植链主型企业发展壮大。围绕碳基纸基新材料、精密数控和轨道交通装备两大主导产业（简称两大主导产业）细分领域，建立以链主型企业为核心的产业链上下游企业共同体（产业技术联盟）培育库，给予重点支持，对企业共同体（产业技术联盟）当年规模分别达到30亿元、50亿元且链主（盟主）型企业年产值分别达到8亿元、10亿元以上的，以链主（盟主）型企业当年县级地方财政贡献为基数，对链主（盟主）型企业以其县级地方财政贡献新增部分为标准给予奖励，奖励额度分别为新增部分的30%、50%，连续奖励三年（享受一次，升档补差）。鼓励链主型企业开展"链对点招引"，每招引一个产业链关联项目（工业决策咨询意见书中予以明确），按实际固定资产投资达到1—3亿元（含）、3—5亿元（含）、5亿元以上且投入生产的，分别给予负责招引的链主型企业50万元、100万元、150万元的奖励。

（二）支持龙头企业做大做强。设立"县长特别奖"，在科技创新、扩大投资、经济发展等方面有特别重大贡献的企业，通过一事一议，给予企业经营者最高不超过100万元的奖励。设立"上台阶奖"，对年主营业务收入首次达到5亿元、10亿元、20亿元、30亿元、50亿元的企业，且净入库税收分别达到1000万元、2000万元、4000万元、6000万元、10000万元的，分别给予企业经营者10万元、20万元、40万元、60万元、100万元奖励，若获奖企业再进档的，则补发奖励差额；设立"杰出贡献奖"，按工业企业当年地方财政贡献和对社会贡献等进行综合排名，评选十大杰出贡献企业家，各奖励10万元；设立"工业增速奖"，根据年度税收贡献等情况，对我县亩均效益综合评价A类、B类的规模以上工业企业按当年主营业务收入增幅排名评出一、二、三等奖若干名，分别给予企业经营者10万元、8万元、5万元奖励；设立"优秀创新奖"，根据上年度研发投入情况，对我县亩均效益综合评价A类、B类的规模以上工业企业年度研发投入按增幅排名评出一、二、三等奖若干名，分别给予企业经营者10万元、8万元、5万元奖励。

（三）鼓励企业上市与兼并重组。引导企业股改上市，鼓励企业多渠道融资，对境内外上市企业、"新三板"挂牌企业给予奖励，具体政策按县有关上市政策执行。支持企业兼并重组，我县两大主导产业的企业、上市挂牌企业、龙头标杆企业、县外上市公司、五百强企业兼并重组县内工业企业并收购其固定资产的（不含股权转让，注册地仍在我县并能利用承受资产自营投入生产的）），重组企业投产且通过履约评估的，以承受方在原企业资产转让过程中所形成的县级地方财政贡献为标准给予全额奖励；一般企业并购重组我县工业企业并收购其固定资产的（不含股权转让，注册地仍在我县并能利用承受资产自营投入生产的），重组企业投产且通过履约评估的，以承受方在原企业资产转让过程中所形成的县级地方财政贡献为标准给予50%的奖励，其中，一般企业受让法院依法处置风险企业固定资产在3000万元以上，以承受方在原企业资产转让过程中所形成的县级地方财政贡献为标准给予100%的奖励。两大主导产业的企业自并购重组之日起五年内，达到规模企业标准且当年亩均税收不低于15万元（本地资源性农副产品加工企业达到省同类产业标准）的，以其当年县级地方财政贡献为标准给予50%的奖励；当年亩均税收达到25万元的，以其当年县级地方财政贡献为标准给予80%的奖励。企业重组项目办理房产转让手续或其他免交契税的房产转让项目，免收房产转让中的各类手续费。

（四）支持中小企业"专精特新"发展。对新评为国家制造业"单项冠军示范企业"和"单项冠军产品"的企业分别给予50万元奖励；对新评为省"隐形冠军"的工业企业给予30万元奖励；对首次被认定为省级小微企业成长之星的，给予10万元奖励。支持举办各类创新创业大赛，县财政安排一定资金给予优胜者奖励。

（五）培育小微企业成长壮大。年主营业务收入首次达到2000万元并纳入规模以上工业统计的企业，奖励企业经营者12万元，对年度新升规的企业，奖励企业经营者15万元。两大主导产业的企业完成"小升规"的，以"小升规"企业当年度增值税、企业所得税县级地方财政贡献部分为基数，对增值税、企业所得税县级地方财政贡献新增部分给予奖励，奖励额度分别为第一年、第二年、第三年新增部分的100%、70%、50%，其他企业当年亩均税收达到15万元/亩方可享受该条奖励政策。

（六）鼓励总部经济发展。总部企业自首次认定当年开始，年纳税总额和县外业绩合并到本地总部缴纳税收均达到认定标准的，5年内以企业县外业务缴纳的县级地方财政贡献部分为标准给予60%奖励。在符合城乡规划前提下，用企业存量土地或厂房建立信息中心、投融资中心、营销中心、设计研发中心、采购中心等服务业，需要改变土地用途的，经县政府批准可采取协议方式处置，按市场评估地价补交地价款并办理变更手续。

二、坚持招大引强，技术革新

（一）鼓励企业技术改造。对两大主导产业及其强链补链延链技改项目备案（核准）投资500万元以上且新设备投资达到300万元（含）以上，给予每个备案（核准）项目设备投资15%的一次性贴补，最高不超过1500万元；其他技改项目备案（核准）投资500万元以上且新设备投资达到300万元（含）以上，给予每个备案（核准）项目设备投资3%的一次性贴补，其中对亩均效益综合评价A类企业给予设备投资5%的一次性贴补，单个备案（核准）项目贴补最高不超过500万元。该项贴补在企业上年度主营业务工业税收超过50万元（含）的方可享受。

（二）支持招大引强。新引进实际固定资产投资1亿元以上的两大主导产业新增工业用地项目（工业决策咨询意见书中明确产业分类），承诺供地后5年内企业当年亩均税收超过30万元及以上，项目首期主体厂房基础完成并验收后给予8万元/亩的一次性基础设施建设补助资金（如供地5年内企业当年亩均税收未超过30万元，企业应按照协议全额缴回补助资金）；如供地后6年内连续2年企业当年亩均税收达到40万元及以上，再给予8万元/亩的一次性基础设施建设补助资金；如供地后6年内连续2年企业当年亩均税收达到60万元及以上，再给予4万元/亩的一次性基础设施建设补助资金。新引进其他实际固定资产投资2亿元以上新增工业用地项目，自土地摘牌之日起5年内，当年亩均税收超过30万元及以上，给予4万元/亩的一次性基础设施建设补助资金；如供地后6年内连续2年企业当年亩均税收达到40万元及以上，再给予8万元/亩的一次性基础设施建设补助资金；如供地后6年内连续2年企业当年亩均税收达到60万元及以上，再给予8万元/亩的一次性基础设施建设补助资金。新引进工业项目办理建设用地复核，确因需要可分期验收、分割登记。对工业项目建设中的各类非税规费实行优惠政策。

新引进实际固定资产投资1亿元以上的两大主导产业新增工业用地项目（工业决策咨询意见书中明确产业分类），设备投资5000万元以上（含），给予项目设备投资5%的一次性奖励,最高不超过500万元;设备投资10000万元以上(含),给予项目设备投资10%的一次性奖励,最高不超过1500万元;该项奖励实行分段计算。新设立企业建设期内享受该奖励不受县级地方财政贡献总额限制。

(三)支持重大产业项目人才引进。对新引进重大产业项目,完成固定资产投资10亿元及以上的,企业可以按照不低于政府回购价购买指定房源100套用于安排企业内部职工住房,职工从企业购买相应住房后10年内不得上市交易。每增加10亿元固定资产投资,可购买的住房套数相应增加100套,上不封顶。支持企业引进高管,对新引进的项目,自项目公司注册成立次年起3年内,对企业高管薪酬个人所得税年地方财政贡献在3万元(含)以上的,以其地方财政贡献为标准给予全额奖励(限5人)。

(四)实施"放水养鱼"。对新引进的实际固定资产投资1亿元(含)以上两大主导产业项目,自按期投产之日起,前3年以其县级地方财政贡献为标准每年给予100%奖励,第4年至第6年以其县级地方财政贡献为标准每年给予50%奖励;对其他新引进工业项目,自按期投产之日起,前5年以其县级地方财政贡献为标准给予50%奖励。其中当年亩均税收达到项目申报承诺标准且不低于20万元的(本地资源性农副产品加工企业达到省同类产业标准)方可享受该条奖励政策。

(五)扶持科创孵化型制造业项目。围绕科研转化协作基地建设,设立产业基金,支持科创项目成果转化。经认定的两大主导产业及其强链补链延链科创项目,符合一定标准条件的,可给予最高3年厂房租金全额减免。

(六)重大项目实行一事一议。重大项目指两大主导产业实际固定资产投资3亿元(其他产业实际固定资产投资5亿元)以上且设备投资1.5亿元以上(含)的投资项目,可以实行"一企一策""一事一议"。新引进具有重大行业引领、区域产业带动作用的重大项目,新引进行业内处于领先地位、产业链条重点环节的"轻资产"、高成长性项目,以及高科技、高附加值产业项目,可给予企业"一事一议"优惠政策。对产业带动强、行业技术先进、税收贡献大的项目,可给予租金减免、装修补贴等"拎包入住"式支持和不超过15%的设备贴补。

三、坚持科技引领，品质提升

（一）支持技术创新和应用。每年县财政安排 2000 万元科技项目经费，重点支持两大主导产业科技创新。每年竞争性选择 10 个以内重大科技攻关课题、20 个以内重点科技项目和专利产业化项目予以资金补助，其中两大主导产业项目经费占比不低于 80%。支持创新主体使用创新券，对单个企业或创业者创新券使用补助每年最高 5 万元。对龙头标杆企业、国家高新技术企业、省级科技型中小企业年度研发投入（按研究开发费用税前加计扣除政策口径认定）200 万元以上且占销售收入（主营业务收入）3%（含）以上的，按核定研发投入总额的 5% 给予补助；对研发投入的增量部分（与上年度比），再按增量的 5% 给予补助（上年度研发投入为零的，直接按研发投入总额的 5% 给予补助）；单个企业最高补助金额不超过 300 万元。研发投入需提供第三方出具的审计报告。对新认定的省级创新型领军（试点示范）企业给予 30 万元奖励。对首次认定的国家高新技术企业给予 30 万元奖励。对新认定的省级科技型中小企业给予 3 万元奖励。

（二）支持创新载体建设。对新认定的国家级、省级新型研发机构（技术创新中心）、重点实验室（工程技术研究中心）分别给予 300 万元、100 万元建设经费补助。对新认定的省级重点企业研究院按省补标准 1∶1 配套给予再补助。对新认定的市级重点企业研究院给予 200 万元建设经费补助。对新认定的国家级、省级科技企业孵化器分别给予 300 万元、100 万元建设经费补助。对新入驻科技企业孵化器的科技型企业经认定自租用之日起 3 年内免收租金，以其地方财政贡献部分为标准，3 年内全额奖励企业。对新认定的国家级、省级企业研究院分别给予 100 万元、30 万元补助。对新认定的国家、省级和市级企业技术中心，分别给予 100 万元、30 万元和 10 万元的奖励；对新认定的国家级、省级工业设计中心分别给予 100 万元、30 万元的奖励；对新认定的国家级、省级、市级、县级企业研发中心分别给予 100 万元、30 万元、10 万元、3 万元补助，研发中心与技术、设计中心不重复补助。

（三）支持借智用才和产学研合作创新。鼓励企业引进海内外知名高校、科研院所合作共建科研基地（研究院）或设立重点产业研究院、实验室，三年内给予科研设备购置经费50%的补助，累计最高500万元。鼓励企业与省部级以上科研机构在龙游合作设立研发机构，完成民政登记或公司注册的一次性给予5万元补助。鼓励链主型企业和国家高新技术企业在杭州、深圳、上海、北京等科技人才富集地设立科研飞地，经认定，每年给予企业"科研飞地"场地租金50%的补助（企业自行落实"科研飞地"场地的，经认定参照同地段租金标准），连续补助三年，单个企业累计不超过100万元。对科技企业孵化器、科创飞地建设运营单位，县财政给予运行经费适当补助。对新评定为优秀的国家、省级众创空间和星创天地，分别给予50万元、30万元补助，对只通过备案认定未评定为优秀的减半补助。特别重大创新平台引进项目采取"一事一议"政策支持。

（四）支持新产品（新技术）研发。对列入省级工业新产品（新技术）备案计划的，包括列入省重点技术创新专项、省重点高新技术产品开发计划的项目，已实现产业化且通过鉴定验收或成果登记的，每个产品（项目）给予10万元的一次性奖励；对新认定装备制造业重点领域国内、省内首台（套）产品，分别按省奖励标准的100%、50%给予奖励。

（五）支持科技成果转化。对首次通过国家《企业知识产权管理规范》体系认证，或获得知识产权管理体系评价证书的企业，一次性给予8万元奖励。对被认定为国家级知识产权示范（优势）企业和省市县级专利示范企业称号的分别给予20万元、10万元、5万元、3万元奖励。对获授权的国内发明专利和通过PCT途径向国外申请的发明专利分别给予每件最高0.5万元、4万元奖励。对面向县内企业开展知识产权质押贷款的银行业金融机构，按实际发放质押贷款年度日均贷款余额的1.2%，按年给予财政补助。对面向县内企业开展知识产权保险业务的保险机构，根据一年一投、按年补助的原则，按年度实际保费的30%给予财政补助。

（六）鼓励质量品牌创优。对通过行政认定新获得中国驰名商标的企业，给予一次性100万元奖励；对新获得浙江省商标品牌示范乡镇、商标品牌示范基地、示范企业的，给予10万元奖励；对获得国家地理标志证明商标的单位给予10万元奖励。对获得县政府质量奖的企业（组织）给予20万元的一次性奖励，对获得县政府质量奖的个人给予2万元的一次性奖励。对首次获得"品字标浙江制造"品牌认证的，给予 30 万元奖励；对首次获得"品字标浙江农产""品字标浙江服务""品字标浙江建造""品字标浙江生态"等品牌认证的，给予 10 万元的奖励。

（七）鼓励实施标准化战略。对承担全国专业标准化技术委员会、全国专业标准化分技术委员会、浙江省标准化技术委员会等秘书处的单位，经认定每年分别给予 30 万元、20 万元、20 万元的补助；对主导（第一起草单位）制修订国际标准、国家标准、行业标准、品字标"浙江制造"团体标准、省地方标准的单位，分别给予 100 万元、50 万元、20 万元、20 万元、10 万元的奖励；参与制修订上述标准的单位，分别给予 30 万元、15 万元、5 万元、3 万元、3 万元的奖励，可叠加奖励，最多不超过 30 万元。

四、坚持数字赋能，产业变革

（一）支持数字经济发展。数字经济智慧产业知名企业（属于世界 500 强、全球软件百强企业、软件业务收入百强企业、全国电子信息百强企业、大数据 50 强企业和中国互联网 100 强企业）、独角兽企业（即成立时间不超过 10 年，获得股权投资且尚未上市，市场估值超过 10 亿美元的高速成长型企业）在龙设立全资或控股子公司或研发机构的，符合条件给予最高 200 万元的一次性落户奖。

（二）支持企业上云用数赋智。支持工业企业"深度上云"，企业与云服务商（或其运营企业）签订服务合同，实际发生费用 3 万元（含）以上的，按 30% 给予补助，自申报年度起，最多补助期 3 年，累计补助不超过 100 万元。对新认定为省上云标杆企业的，给予 10 万元一次性奖励。鼓励"两化"深度融合，经县经信局备案的开展两化融合规上企业，新通过国家两化融合贯标认证的给予 20 万元奖励；列入国家两化融合贯标试点、示范的，再分别给予 10 万元、20 万元奖励。试点转化为示范的，实行补差。

（三）鼓励企业数字化改造。经专家评审认定的数字化车间、智能工厂、工厂物联网等数字化改造项目，对软硬件实际投资达到 50 万元（含）以上的，按智能设备实际投资的 20%、软件实际投资的 30% 给予补助，单个企业补助最高不超过 300 万元（对新引进的招商引资工业企业，按软件实际投资给予30%的补助，最高不超过50万元）。鼓励实施轻量化数字化改造，对企业实施以机器人（含机器人控制系统）或软件应用为主且软硬件总投入5万元（含）以上的轻量化改造项目，经专家审核，按实际投资的最高40%给予补助，单个产品应用补助最高不超过15万元。鼓励企业建设企业级工业互联网平台，对首次被评为省级企业级工业互联网平台的，给予80万元奖励。鼓励企业建设行业级工业互联网平台，对建成具有自主知识产权的行业云应用示范平台且获得国家级、省级认定的，分别奖励300万元、200万元。升档的实行补差。

（四）支持数字化改造先行示范。每年县财政安排不超过3000万元资金用于支持数字化改造示范项目建设，对企业实施智能设备和软件实际投资1500万元（含）以上的数字化车间、智能工厂项目，经专家评审，每年竞争性比选不超过5个示范性项目给予资金补助，单个示范性项目补助不超过800万元。对被认定为省级未来工厂、智能工厂、数字化示范车间的，分别给予300万元、100万元、50万元奖励。对获得国家、省级经信部门认定的信息化类示范试点项目（企业）的，分别给予50万元、30万元奖励。升档的实行补差。

（五）支持数字化改造服务体系建设。推广数字赋能新模式，引导推动省级优秀第三方中介服务机构到龙游县开展生态工业智能化、绿色化发展服务，每年安排不超过100万元资金，组建外聘专家团队，开展智能化问诊、学习培训、咨询服务，组织智能制造、信息化、数字化项目专项评审等。支持服务型制造发展，鼓励龙游数字智能企业向数字化改造服务商转型，对数字智能企业主体新注册的服务机构，针对龙游本地企业开展智能化数字化改造服务且推广使用本企业生产的产品（设备），数字化改造项目经认定后，按产品（设备）实际采购额给予服务机构10%的补助，每年每家企业最高不超过100万元。

五、坚持低碳转型，绿色发展

（一）支持绿色制造体系建设。对获得国家、省支持的绿色制造项目，按国家、省补助资金的30%予以支持，单个项目补助不超过100万元；对获得国家、省级绿色园区（工厂）分别给予50万元、20万元的奖励；对获得国家、省级绿色设计产品每个产品分别按照20万元、10万元的奖励（单个企业最高不超过50万元）；对获得国家、省级绿色供应链的分别给予30万元、20万元的奖励；对获得国家、省级产品绿色设计与制造一体化集成应用项目，分别给予50万元、20万元的奖励。

（二）支持工业节能降耗。对企业实施年节能100吨标准煤以上的节能技改项目，通过专家评审，按每吨标准煤400元予以补助，单个项目补助不超过100万元；对获得国家、省级清洁生产审核企业或节水型企业等荣誉称号的（含水平衡测试），分别给予50万元、10万元的奖励；对获得国家、省级水效领跑者或节水标杆等荣誉称号的，分别给予50万元、10万元的奖励。

（三）鼓励淘汰落后和低效转型。引导低效企业加快转型，按照"改造提升一批、规范管理一批、兼并搬迁一批、依法关停一批、收回收储一批"等方式引导低效企业转型提升。对企业淘汰的落后产能，按淘汰设备评估净值的20%予以补助，单个企业最高补助资金不超过100万元。

（四）引导提升亩均效益。设立亩均贡献奖，按制造业亩均效益综合评价A类企业排名，给予排名前5位的企业经营者10万元奖励；设立亩均税收进步奖，对年度制造业亩均税收达到20万元及以上，亩均税收增幅前5位的企业，给予企业经营者10万元奖励。

六、附则

（一）企业经营过程中，县级地方财政贡献所指税种范围一般为增值税、企业所得税。企业申报类项目奖补总额标准不超过其项目所属年度县级地方财政贡献总额基数。按期投产时间指：新增用地项目从土地摘牌之日起计算，固定资产投资1亿元以下项目12个月、固定资产投资1亿元及以上项目18个月、3亿元及以上项目24个月；资产重组项目以不动产权转让登记之日起计算12个月；零土地技改扩建项目以项目备案之日起计算12个月；租用标准厂房项目自厂房租用之日起计算6个月。化工类项目建设期按上述建设期标准再增加6个月。

（二）本政策自2021年12月1日起实施，相关操作细则另行制定。考虑到申报年度和项目对应年度不同，2019年度和2020年度工业企业财政奖励政策执行《衢州市人民政府关于推进创新驱动加快经济高质量发展若干政策意见和关于促进大商贸高质量发展若干意见的通知》（衢政办发〔2019〕35号），市文件未涉及财政奖励事项继续按《中共龙游县委龙游县人民政府关于促进工业经济转型跨越发展若干意见》（龙游县委〔2016〕139号）执行。2021年度的奖补按本政策执行，现行其他相关政策与本政策不一致的按本政策执行，企业已享受原政策而未到期的按原政策执行。凡同一事项当年享受县级多项优惠政策的企业，就高选择一项政策享受，在奖励上不重复计奖。当年亩均效益综合评价为D类或在安全生产、生态环境等方面存在严重违法违规行为，未通过企业政策兑现规范性审核的企业不得享受本政策。规上工业企业享受本政策，申报类需满足研发投入不低于50万元或研发投入占销售收入比例不低于1%的条件。

中共龙游县委
龙游县人民政府
2021年10月11日

附　图

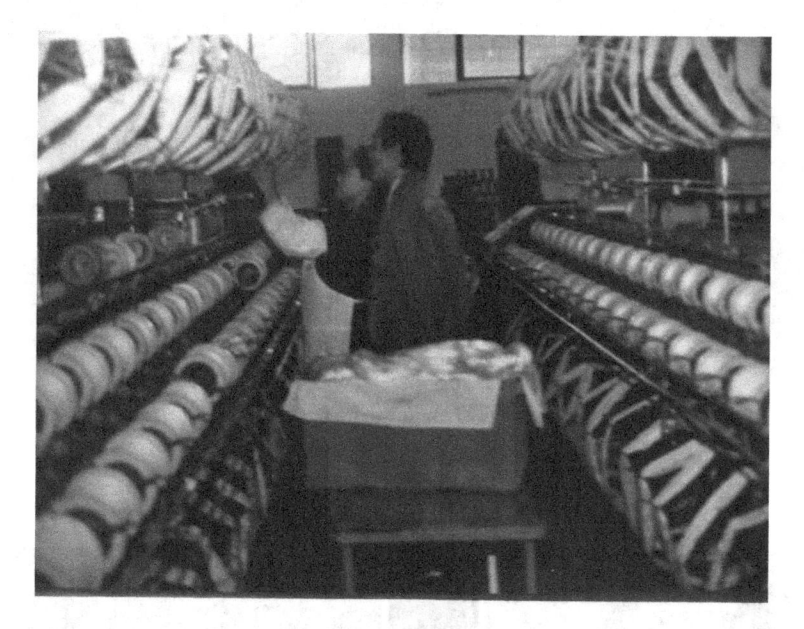

(原湖镇织绸厂车间)

(原湖镇丝厂车间)

(原湖镇棉纺厂车间)

(原湖镇新区管委会成立照片)

| 附　图 |

（1985年创建的湖镇菜市场）

（原湖镇仔猪市场）

(老湖镇城区)

(智汇创谷小微园开工典礼)

| 附　图 |

（湖镇集镇全景）

（沃鑫厂内厂训石）

191

(3月25日湖镇桃花节)

(湖镇老街)

| 附　图 |

（湖镇南街）

（湖镇仔猪市场）

（湖镇滚花龙）

(重点项目建设—白鸽湖商埠文化园)

(白鸽湖商埠文化园)

| 凤凰涅槃：湖镇工业发展口述研究 |

（龙游生生纺织有限公司）

（龙游智汇创谷小微产业园）

（浙江恒达新材料股份有限公司－恒川大门）

（浙江恒达新材料股份有限公司－恒达研发中心）

| 附　图 |

（浙江恒祥棉纺织造有限公司）

| 凤凰涅槃：湖镇工业发展口述研究 |

（浙江金龙再生资源科技股份有限公司）

（浙江蓝天废旧家电回收处理有限公司）

(浙江君飞纺织有限公司)

（浙江龙游道明光学有限公司）

（浙江龙游圣蓝纸业有限公司）

(浙江龙游沃鑫铁路器材有限公司)

（浙江齐飞铝业有限公司）